초등 영문법

진짜 진짜

쓰기 훈법

JUMP 2

siso study

지은이 임수영

이화여자대학교 영어영문학과를 졸업하고 같은 대학교에서 영어교육학 석사 학위를 받은 뒤,
영국 University of Nottingham에서 ESP를 수료하였습니다. EBS, 강남구청 인터넷수능방송, 웅진 씽크빅,
윤선생, 튼튼영어 등 다수의 교육 기관과 교육 현장에서 강의를 하며 영어 교육에 힘썼습니다.
현재는 배재고등학교 교사로서 아이들에게 영어를 가르치고 있고, 방송통신중학교 및 고등학교에서
방송 강의를 진행하고 있습니다.
저서로는 《EBS 중학 영어 개념 끝장내기 문법》, 《튼튼영어 Power Grammar》, 《생강 영어 문법 1》,
한국평생교육진흥원 문해교과서 중학교 3학년 영어, 방송통신중·고등학교 영어 교과서 등 다수가 있습니다.

그린이 김영진(oziN)

어릴 적부터 그림 그리기를 좋아해 자연스럽게 디자인을 전공하게 되었습니다. 앞으로도 계속 그림을 그리며
아내와 하나뿐인 소중한 딸과 함께 건강하고 즐겁게 하루하루를 보내길 소망합니다.
학습 출판, 단행본, 광고, 웹 등 다양한 매체에서 현재 프리랜서 일러스트레이터로 활동하고 있습니다.
그린 책으로는 《조선스타실록》, 《조선 왕 온 더 보드》, 《YBM 일본어 첫걸음》, 《청춘영어》,
《미드영어 특급패턴 202》 등 다수가 있습니다.

진짜진짜 쓰기 문법 JUMP 2

초판발행 2021년 4월 20일

지은이 임수영
그린이 김영진
엮은이 진혜정, 송지은, 김한나
기획 한동오
펴낸이 엄태상
영문감수 Kirsten March
디자인 권진희
마케팅 본부 이승욱, 전한나, 왕성석, 노원준, 조인선, 조성민
경영기획 마정인, 최성훈, 정다운, 김다미, 오희연
제작 조성근
물류 정종진, 윤덕현, 양희은, 신승진
펴낸곳 시소스터디
주소 서울시 종로구 자하문로 300 시사빌딩
주문 및 문의 1588-1582
팩스 02-3671-0510
홈페이지 www.sisostudy.com
네이버카페 cafe.naver.com/sisasiso
인스타그램 instagram.com/siso_study
이메일 sisostudy@sisadream.com
등록번호 제2019-000149호
ISBN 979-11-91244-15-1 64740

머리말

시중의 많은 문법 교재들을 볼 때마다 아쉬움이 남을 때가 많습니다. 지나치게 어려운 문법 용어와 예문들 때문에 학생들이 영문법의 재미를 느끼기도 전에 영어에 대한 두려움을 가질 수도 있기 때문입니다.

《진짜 진짜 쓰기 문법 JUMP》는 여러분의 눈높이에 딱 맞게, 최대한 쉽게 표현된 문법 용어와 간결하고 쉬운 예문들로 구성되어 있습니다. 그리고 무엇보다 여러분을 꼭 닮은 엉뚱하고 귀여운 두 캐릭터 문법이와 영이가 등장해 선생님과 함께 영문법에 대한 질문을 주고받으며 영문법을 재미있게 풀어나가는 내용입니다.

이 책을 통해 여러분이 쉽고 부담 없이 영문법의 무한한 재미를 즐기시길 바랍니다! 어려운 영어 공부라고 느끼지 말고, 재미있는 책을 읽는다는 기분으로 즐겁게 한 장, 한 장 꾸준히 읽어나간다면 어느새 영문법의 재미에 쏙 빠지게 될 거랍니다!

저자 임수영

Writing
Makes
Grammar Perfect

구성 및 활용법

이해가 쏙쏙 되는 재미있는 만화로
문법 실력을 높이고
쓰기가 완성되는 진짜 영문법으로 공부하세요!

만화로 흥미를 더해요

해당 Unit 학습과 관련된
기본 문법 내용을 재미있는 만화로 풀어
배울 내용에 대한 흥미를 이끌어요.
주인공인 문법이와 영이, 그리고
선생님이 등장해 문법 개념을 보다
쉽게 이해할 수 있도록 도와줘요.

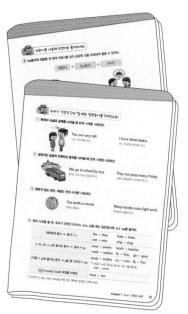

문법 개념을 이해해요

교과과정에 나오는 핵심 내용을 다루고,
간결한 예문과 이해하기 쉬운 그림으로
문법 개념을 설명하여 쉽게
파악할 수 있어요. 시각적으로
잘 정리된 표를 보며 문법 규칙을
즉각적으로 이해할 수 있어요.

3 4단계 쓰기로 훈련해요

매일매일 4단계 쓰기로
문법 규칙을 깨치고 쓰기를 연습해요.
특히 단어를 배열해 문장을 완성하거나
문장 전체를 써보는 서술형 대비 문제는
스스로 쓸 수 있도록 훈련시켜
쓰기를 완성해요.

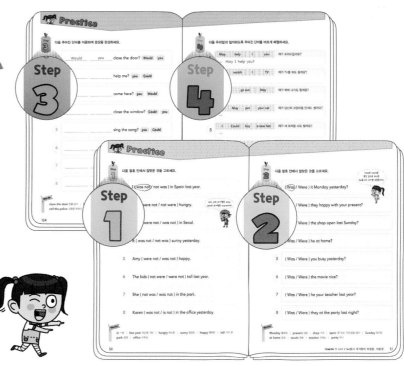

4 복습하며 실력을 높여요

Chapter Test를 통해 배운 내용을
복습하고 문법 실력을 높일 수 있어요.
응용력을 키우는 다양한 유형의 문제를
풀며 학교 시험에 대비하세요.

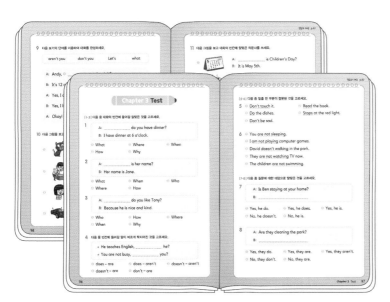

Workbook

매 Unit을 공부한 후 워크북으로 연습해요.
워크북의 Chapter Wrap Up으로
마무리하며 학습 내용을 종합적으로
점검할 수 있어요.

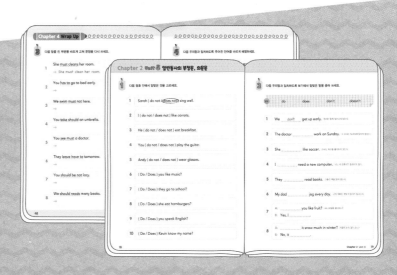

차례

JUMP 1 미리보기

20일 완성 학습 플랜

하루에 한 개 Unit을 학습하고 워크북으로 정리해요

쉬워요　괜찮아요　어려워요

		학습 분량	학습 날짜	나의 학습 기록
1일차	Chapter 1	Unit 1 / 워크북	____월 ____일	😄 😐 😣
2일차		Unit 2 / 워크북	____월 ____일	😄 😐 😣
3일차		Unit 3 / 워크북	____월 ____일	😄 😐 😣
4일차		Unit 4 / 워크북	____월 ____일	😄 😐 😣
5일차		Test / 워크북 Wrap Up	____월 ____일	😄 😐 😣
6일차	Chapter 2	Unit 1 / 워크북	____월 ____일	😄 😐 😣
7일차		Unit 2 / 워크북	____월 ____일	😄 😐 😣
8일차		Unit 3 / 워크북	____월 ____일	😄 😐 😣
9일차		Unit 4 / 워크북	____월 ____일	😄 😐 😣
10일차		Test / 워크북 Wrap Up	____월 ____일	😄 😐 😣
11일차	Chapter 3	Unit 1 / 워크북	____월 ____일	😄 😐 😣
12일차		Unit 2 / 워크북	____월 ____일	😄 😐 😣
13일차		Unit 3 / 워크북	____월 ____일	😄 😐 😣
14일차		Unit 4 / 워크북	____월 ____일	😄 😐 😣
15일차		Test / 워크북 Wrap Up	____월 ____일	😄 😐 😣
16일차	Chapter 4	Unit 1 / 워크북	____월 ____일	😄 😐 😣
17일차		Unit 2 / 워크북	____월 ____일	😄 😐 😣
18일차		Unit 3 / 워크북	____월 ____일	😄 😐 😣
19일차		Unit 4 / 워크북	____월 ____일	😄 😐 😣
20일차		Test / 워크북 Wrap Up	____월 ____일	😄 😐 😣

book

plane

Chapter

1

시제

내가 생각해 봤는데 현재를 충실하게 사는 건 참 중요한 일이야.

와, 너가 드디어 철이 들었구나.

호음

헤헤. 과거는 돌이킬 수 없는데 그걸 후회하는 것도, 또 아직 오지 않은 미래를 미리 걱정하는 것도 다 어리석은 짓이니 현재에 충실히 살아야 한다고 읽었거든.

으쓱

문법이가 인생의 지혜를 깨닫다니, 놀랍구나! 그런 의미에서 현재 시제에 대해 공부해 볼까? 현재 시제는 **지금의 상태를 나타낼 때** 사용한단다.

I teach English. 는 지금 현재의 사실이니까 현재 시제를 써야 하지. **그리고 일상적인 습관을 나타낼 때도** 사용하는데, 일상적인 습관으로 어떤 게 있을까?

저는 항상 아침을 먹으니까 **I always have breakfast.** 가 습관인 거죠?

그래. 습관이지.

저기, 영이야. 네가 아끼던 거울을 내가 깨버렸는데 과거일 뿐이니까 잊어줘. 우리 모두 현재에 충실하자.

뭐라고? 그거 내가 정말 아끼던 거라고!

거기서!

오늘은 어쩐지 조용히 넘어간다 했네.

헉!

Key Point

현재 시제는 습관적인 동작이나 반복되는 행동을 표현할 때, 그리고 현재의 사실과 상태를 나타낼 때 쓰여. 그런데 주어가 3인칭 단수일 때는 일반동사 형태에 항상 주의를 해야 해! 동사에 -s나 -es를 꼭 붙여줘야 하거든!

주어가 "3인칭 단수"일 때는 일반동사를 S라인으로!

① **현재의 사실과 상태를 나타낼 때** 현재 시제를 사용해요.

You **are** very tall.
너는 키가 매우 크다.

I **have** three sisters.
나는 세 명의 여동생이 있다.

② **일상적인 습관과 반복되는 동작을 나타낼 때** 현재 시제를 사용해요.

We **go** to school by bus.
우리는 버스 타고 학교에 간다.

They **eat** pizza every Friday.
그들은 금요일마다 피자를 먹는다.

③ **변하지 않는 진리, 속담도** 현재 시제를 사용해요.

The earth **is** round.
지구는 둥글다.

Many hands **make** light work.
백지장도 맞들면 낫다.

④ 현재 시제를 쓸 때, 주어가 3인칭 단수(He, She, It)일 때는 일반동사에 -s나 -es를 붙여요.

대부분의 동사 ➡ 동사 + s	like → likes hate → hates eat → eats sing → sings
s, ch, sh, x, o로 끝나는 동사 ➡ 동사 + es	pass → passes teach → teaches wash → washes fix → fixes go → goes
〈자음 + y〉로 끝나는 동사 ➡ y를 i로 고치고 + es	study → studies cry → cries fly → flies ☆ <모음 + y>로 끝나는 동사는 그냥 -s를 붙여요. play → plays
예외! have는 has로 모양을 바꿔요.	have → has

☆ 주어가 I, You, We, They일 때는 동사 원래의 모양을 그대로 써요!

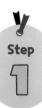

다음 보기에서 알맞은 동사를 골라 현재형 문장을 완성하세요.

보기			
do 하다	look 보다	stay 머무르다	wash 씻다
hate 싫어하다	have 가지다, 있다	read 읽다	catch 잡다

1 Mary ____reads____ many books.
Mary는 많은 책들을 읽는다.

> 습관이나 반복되는 행동을 말할 때는 현재 시제를 써. 이때 얼마나 자주 그 일을 하는지를 나타내는 부사를 함께 사용하는데 always(항상), often(자주) 등이 있지.

2 He always _____ his best.
그는 항상 최선을 다한다.

3 She _____ at the sky every night.
그녀는 매일 밤 하늘을 본다.

4 Kevin often _____ his hands.
Kevin은 자주 그의 손을 씻는다.

5 The tree _____ many fruits.
그 나무는 많은 열매들이 있다.

6 Andy _____ at home when it rains.
비가 올 때 Andy는 집에 머무른다.

7 My little brother _____ fish.
나의 남동생은 생선을 싫어한다.

> 부지런함을 강조하는 유명한 속담이야!

8 The early bird _____ the worm.
일찍 일어나는 새가 벌레를 잡는다.

Words

best 최고의, 최선의 | **every night** 매일 밤 | **often** 자주, 종종 | **fruit** 과일, 열매 | **fish** 물고기, 생선
early bird '일찍 일어나는 사람'을 가리키는 말 | **worm** 벌레

다음 우리말과 일치하도록 밑줄 친 부분을 바르게 고쳐 쓰세요.

1 My school <u>start</u> at 9:00 a.m.
나의 학교는 오전 9시에 시작한다.

starts

2 Eric <u>like</u> comic books.
Eric은 만화책을 좋아한다.

3 They <u>eats</u> breakfast every morning.
그들은 매일 아침에 아침을 먹는다.

4 Andy <u>need</u> a new computer.
Andy는 새로운 컴퓨터가 필요하다.

5 He <u>live</u> in Seoul.
그는 서울에 산다.

6 Karen <u>work</u> at a bank.
Karen은 은행에서 일한다.

7 We <u>has</u> a beautiful house.
우리는 아름다운 집이 있다.

8 She <u>listen</u> to music at night.
그녀는 밤에 음악을 듣는다.

Words

start 시작하다 | **comic books** 만화책 | **need** 필요하다 | **computer** 컴퓨터 | **work** 일하다
bank 은행 | **beautiful** 아름다운 | **listen to** ~을 듣다 | **music** 음악

Step 3

다음 빈칸에 주어진 동사의 현재형을 써서 문장을 완성하세요.

1 My dad ___does___ the dishes after dinner. **do**

2 The baby _____ every night. **cry**

3 Sally _____ the piano in the morning. **play**

4 Mike _____ to school. **walk**

5 He _____ with his brothers. **live**

6 She _____ to the library on Saturday. **go**

7 I _____ hamburgers with orange juice. **eat**

8 The puppy _____ soft brown fur. **have**

Words

do 하다 | **after** ~ 후에 | **cry** 울다 | **play** 놀다, 연주하다 | **walk** 걷다 | **live** 살다 | **go** 가다
library 도서관 | **orange juice** 오렌지 주스 | **have** 가지다, 있다 | **soft** 부드러운 | **fur** (동물의) 털

Step 4 다음 밑줄 친 부분을 바르게 고쳐 문장을 다시 쓰세요.

1 Sarah often <u>walk</u> in the park. Sarah는 자주 공원을 걷는다.

➡ Sarah often walks in the park.

2 She <u>read</u> a book before bed. 그녀는 자기 전에 책을 읽는다.

➡

3 They <u>studies</u> English every day. 그들은 매일 영어를 공부한다.

➡

4 We <u>goes</u> to school by bike. 우리는 자전거를 타고 학교에 간다.

➡

5 Emma <u>have</u> many friends. Emma는 많은 친구들이 있다.

➡

6 Water <u>boil</u> at 100℃. 물은 섭씨 100도에서 끓는다.

➡

7 Sam <u>run</u> in the evening. Sam은 저녁에 달린다.

➡

8 My dad <u>teach</u> science. 나의 아빠는 과학을 가르치신다.

➡

Words

before bed 자기 전에 | **study** 공부하다 | **English** 영어 | **boil** 끓다 | **run** 달리다
in the evening 저녁에 | **teach** 가르치다 | **science** 과학

어어?
여기가 어디지?

너는 누구지?
처음 보는 먹잇감이군.

으…으앗! 공룡이잖아!
티, 티라노사우루스?

공룡이 말을 하다니!
나 분명히 학교에서
수업을 듣고 있었는데?!

흠. 출출하니까 너를 점심으로
먹는 것도 괜찮겠군.

뭐라고?
안 돼!

으악!!

으악~
살려줘!!

화들짝

아휴, 놀래라. 꿈이었구나.
방금 꿈에서 공룡을 만났는데
너무 무서웠어.
I am scared.(나는 무섭다.)

뭐야,
너 자고 있었어?

과거로 돌아가 공룡을 만나는
꿈을 꿨구나. 그럴 땐
I was scared.(나는 무서웠다.)라고
말하면 돼. 지금 무서운 게 아니라
아까 꿈속에서 무서웠던 거니까
과거 시제를 써야 하거든.

과거 시제요?
그럼 was가 be동사의
과거라는 거예요?

맞아! 과거에 했던 일이나
과거의 상태를 나타낼 때 우리는
과거 시제를 쓰지. 역사적인
사실에도 과거 시제를 사용해.

Key Point

be동사의 과거는 was와 were이고, 일반동사는 보통 동사 뒤에 -ed를 붙여서 과거형을 만들어.

18

과거일 때는 주어와 상관없이 동사에 -ed를 콕!

① **과거의 동작과 상태를 나타낼 때** 과거 시제를 사용해요.

Nick **was** sick yesterday.
Nick은 어제 아팠다.

She **watched** a movie last night.
그녀는 지난밤에 영화를 봤다.

② **과거의 습관에** 과거 시제를 사용해요.

We often **played** tennis last year.
우리는 지난해에 자주 테니스를 쳤다.

> 과거 시제에
> 쓰이는 시간 표현을 살펴볼까?
> yesterday (어제)
> last night (지난밤)
> last week (지난주)
> last year (지난해)

③ **과거에 일어난 역사적 사실도** 과거 시제로 사용해요.

Thomas Edison **invented** the light bulb.
토머스 에디슨은 전구를 발명했다.

④ **be동사의 과거형은 was와 were가 있어요.**

| am, is → was | are → were |

⑤ **일반동사의 과거형은** 주어와 인칭에 관계없이 동사 뒤에 **-ed**를 붙여요.

대부분의 동사 → 동사 + ed	watch → watched rain → rained want → wanted start → started
e로 끝나는 동사 → 동사 + d	live → lived love → loved dance → danced arrive → arrived
〈자음 + y〉로 끝나는 동사 → y를 i로 고치고 + ed	study → studied cry → cried
〈단모음 + 단자음〉으로 끝나는 동사 → 자음 하나 더 + ed	stop → stopped plan → planned
주의! 규칙 없이 바뀌는 동사	go → went come → came have → had do → did eat → ate

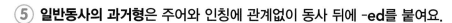 ☆ 〈모음 + y〉로 끝나는 동사는 y 뒤에 -ed를 붙여요. play → played stay → stayed

Practice

Step 1

다음 보기에서 알맞은 동사를 골라 과거형 문장을 완성하세요.

보기

| stop 멈추다 | arrive 도착하다 | cry 울다 | work 일하다 |
| go 가다 | want 원하다 | do 하다 | plan 계획하다 |

1 My mother ____worked____ at the company last year.
나의 어머니는 지난해에 그 회사에서 일하셨다.

2 Andy _____ in Seoul last night.
Andy는 지난밤에 서울에 도착했다.

3 We _____ our science homework yesterday.
우리는 어제 우리의 과학 숙제를 했다.

4 Dad _____ the car.
아빠는 차를 멈추셨다.

5 My family _____ to Spain in 2018.
내 가족은 2018년에 스페인에 갔다.

6 Sally _____ the trip two weeks ago.
Sally는 그 여행을 2주 전에 계획했다.

> cry처럼 〈자음+y〉로 끝나는 동사는 어떻게 바꿔야 하지?

7 He _____ all night.
그는 밤새 울었다.

8 I _____ a bike for my birthday.
나는 내 생일에 자전거를 원했다.

Words

company 회사 | **science** 과학 | **homework** 숙제 | **family** 가족 | **trip** 여행
two weeks ago 2주 전에 | **all night** 밤새 | **bike** (혹은 bicycle) 자전거

Step 2

다음 우리말과 일치하도록 밑줄 친 부분을 바르게 고쳐 쓰세요.

1 Dad <u>cooks</u> dinner last night.
아빠는 지난밤에 저녁 식사를 요리하셨다.

cooked

2 It <u>rains</u> yesterday.
어제는 비가 내렸다.

3 I <u>live</u> in London.
나는 런던에 살았다.

4 We <u>play</u> computer games.
우리는 컴퓨터 게임을 했다.

5 She <u>have</u> a birthday party last Friday.
그녀는 지난 금요일에 생일 잔치를 했다.

6 Matt <u>comes</u> to my home one hour ago.
Matt은 한 시간 전에 우리 집에 왔다.

7 Columbus <u>discovers</u> America in 1492.
콜럼버스는 1492년에 미국을 발견했다.

8 I <u>am</u> sad yesterday.
나는 어제 슬펐다.

Words

cook 요리하다 | **last night** 지난밤 | **rain** 비가 오다 | **computer game** 컴퓨터 게임
birthday party 생일 잔치 | **come** ~에 오다 | **one hour ago** 한 시간 전에 | **discover** 발견하다

다음 빈칸에 주어진 동사의 과거형을 써서 문장을 완성하세요.

1 We ____were____ at the park in the morning. **be**

2 Simon _____ Chinese last year. **learn**

3 I _____ for the exam. **study**

4 You _____ your best. **do**

5 They _____ shopping last Saturday. **go**

6 She _____ pizza yesterday. **eat**

7 Romeo and Juliet _____ each other. **love**

8 I _____ the music. **stop**

Words

learn 배우다 | **Chinese** 중국어 | **last year** 지난해 | **exam** 시험 | **best** 최고의, 최선의
go shopping 쇼핑을 가다 | **each other** 서로 | **stop** 멈추다, 정지하다

다음 밑줄 친 부분을 바르게 고쳐 문장을 다시 쓰세요.

1 We <u>was</u> late for school. 우리는 학교에 지각했다.
➡ We were late for school.

2 They <u>comed</u> to my house yesterday. 그들은 어제 우리 집에 왔다.
➡

3 She <u>studyed</u> for the math test. 그녀는 수학 시험을 위해 공부했다.
➡

4 I <u>were</u> 10 years old. 나는 10살이었다.
➡

5 Ann <u>goed</u> to the library. Ann은 도서관에 갔다.
➡

6 He <u>planed</u> the camping last week. 그는 그 캠핑을 지난주에 계획했다.
➡

7 Robert <u>haved</u> a cat when he was young. Robert는 어렸을 때 고양이를 키웠다.
➡

8 The bus <u>stoped</u> at a red light. 그 버스는 빨간불에 멈췄다.
➡

Words

be late for school 학교에 지각하다 | **come** ~에 오다 | **math** 수학 | **library** 도서관 | **plan** 계획하다
camping 캠핑 | **young** 어린 | **red light** (신호등의) 빨간불

미래 시제

욱, 선생님! 무슨 노래 부르시는 거예요?

선생님이 제일 좋아하는 팝송이야. And I~ will always love you.

팝송이요? 제목이 먼데요?

휘트니 휴스턴이란 가수의 'I Will Always Love You'라는 노래지.

뭔가 멋져 보이는 제목이네요. will은 무슨 단어이길래 붙어있는 거예요?

아주 좋은 질문이야! will은 미래를 나타내는 조동사라고 하는데, 동사 앞에 붙여 주기만 하면 미래가 되지. 그리고 알다시피 always는 '항상'이란 부사야.

짝! 짝! 짝! 짝!

와아! 그러면 '나는 항상 당신을 사랑할 것입니다'라는 제목인 거예요. 엄청 로맨틱하다~.

바로 이거야! 이 문장으로 수지에게 사랑의 편지를 써야지!

너도 참 일편단심이구나. 지난번에 차였는데도 아직 포기를 못했다니.

나를 받아줄 때까지 계속 고백할 거야! I will always love Suzy!

Key Point

앞으로 일어날 일을 나타낼 때 미래 시제를 사용해. 미래 시제를 사용할 때는 조동사 will을 쓰거나 will과 같은 뜻을 가진 be going to를 쓰면 돼.

미래를 나타내는 will과 be going to

① **미래의 일을 나타낼 때** '~할 것이다, ~일 것이다'라는 뜻을 가진 will 뒤에 동사 원래의 모양(동사원형)을 써줘요.

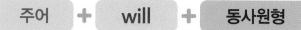
주어 + will + 동사원형

I **will be** a singer.
나는 가수가 될 것이다.

We **will play** baseball next week.
우리는 다음 주에 야구를 할 것이다.

It **will be** sunny tomorrow.
내일은 화창할 것이다.

보통 미래의 시간을 나타내는 표현과 함께 쓰여!
soon (곧)
tonight (오늘 밤)
tomorrow (내일)
next month (다음 달)
next year (다음 해, 내년)

---

② **will은 be going to**라는 표현으로 바꿔 쓸 수도 있어요.

여기서 be는 주어에 따라 am, are, is로 바뀌어!

주어 + **be going to** + 동사원형

I **am going to visit** New York next year. (am going to = will)
나는 내년에 뉴욕을 방문할 것이다.

It **is going to rain** tonight.   (is going to = will)
오늘 밤에는 비가 올 것이다.

They **are going to swim**.   (are going to = will)
그들은 수영할 것이다.

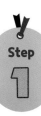

Practice

다음 우리말과 일치하도록 밑줄 친 부분을 바르게 고쳐 쓰세요.

1
I <u>do</u> my homework after dinner.
나는 저녁 식사 후에 내 숙제를 할 것이다.

> will do

2
You <u>be</u> 13 years old next year.
너는 내년에 13살이 될 것이다.

3
She <u>go</u> to Jeju Island tomorrow.
그녀는 내일 제주도에 갈 것이다.

4
You <u>have</u> a new bike soon.
너는 곧 새 자전거를 가질 것이다.

5
They <u>go</u> to the movies tonight.
그들은 오늘 밤에 영화를 보러 갈 것이다.

6
It <u>rain</u> this weekend.
이번 주말에는 비가 올 것이다.

7
We <u>be</u> late for the concert.
우리는 콘서트에 늦을 것이다.

8
Thomas <u>study</u> in the library.
Thomas는 도서관에서 공부할 것이다.

Words

after dinner 저녁 식사 후에 | bike 자전거 | soon 곧 | go to the movies 영화 보러 가다

weekend 주말 | be late for ~에 늦다 | concert 콘서트, 연주회 | in the library 도서관에서

다음 빈칸에 주어진 동사의 미래형을 써서 문장을 완성하세요.

미래형은 will 뒤에 동사원형을 쓰면 돼!

1 I ___will___ ___visit___ his house. visit

2 We _____ _____ a new puppy. have

3 I _____ _____ my dog after dinner. walk

4 Jenny _____ _____ him next Monday. meet

5 She _____ _____ a movie. watch

6 Ben _____ _____ a letter. write

7 He _____ _____ soccer after school. play

8 They _____ _____ the exam tomorrow. take

Words

visit 방문하다 | walk (동물을) 산책시키다 | meet 만나다 | next Monday 다음 주 월요일
watch 보다 | write 쓰다 | after school 방과 후에 | take an exam 시험을 치르다

Practice

Step 3

다음 두 문장이 같은 뜻이 되도록 빈칸에 알맞은 말을 쓰세요.

1

I will cook for my family. 나는 내 가족을 위해 요리할 것이다.

= I ___am___ ___going___ ___to___ cook for my family.

2

He will be a famous singer. 그는 유명한 가수가 될 것이다.

= He _____ _____ _____ be a famous singer.

3

We will go on a picnic tomorrow. 우리는 내일 소풍을 갈 것이다.

= We _____ _____ _____ go on a picnic tomorrow.

4

The girls will visit the museum. 그 소녀들은 박물관을 방문할 것이다.

= The girls _____ _____ _____ visit the museum.

5

Emily will buy a new phone. Emily는 새 휴대폰을 살 것이다.

= Emily _____ _____ _____ buy a new phone.

6

It will be windy soon. 곧 바람이 불 것이다.

= It _____ _____ _____ be windy soon.

Words

cook 요리하다 | famous 유명한 | go on a picnic 소풍을 가다 | visit 방문하다 | museum 박물관
buy 사다 | windy 바람이 많이 부는

28

Step 4 다음 밑줄 친 부분을 바르게 고쳐 문장을 다시 쓰세요.

1 My brother <u>will cleans</u> his room. 나의 형은 그의 방을 청소할 것이다.

→ My brother will clean his room.

2 She <u>is going to stays</u> home tomorrow. 그녀는 내일 집에 머무를 것이다.

→

3 I <u>am going give</u> a present to Sally. 나는 Sally에게 선물을 줄 것이다.

→

4 I <u>meet will</u> her next Monday. 나는 그녀를 다음 주 월요일에 만날 것이다.

→

5 Dad <u>will buys</u> some books for us. 아빠는 우리를 위해 책을 몇 권 사실 것이다.

→

6 My mom <u>are going to buy</u> a new car. 나의 엄마는 새 차를 사실 것이다.

→

7 John and I <u>am going to play</u> badminton. John과 나는 배드민턴을 칠 것이다.

→

8 They <u>move will</u> to another city. 그들은 다른 도시로 이사할 것이다.

→

Words

clean one's room 방을 청소하다 | **stay** 머무르다 | **home** 집 | **present** 선물 | **book** 책
play badminton 배드민턴을 치다 | **move** 이사하다 | **another** 다른 | **city** 도시

현재진행 시제

♫ I'm waiting for you.

뭐야, 너도 팝송 들어? 근데 가사가 좀 이상하네? 왜 동사 wait 뒤에 ing가 붙어 있는 거지?

저번에 사주기로 했던 떡볶이 사주면 말해 줄게!

쳇. 알겠어, 알겠어. 가자!

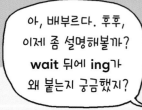

아, 배부르다. 후후, 이제 좀 설명해볼까? wait 뒤에 ing가 왜 붙는지 궁금했지?

현재 시제는 일상에서 반복되는 행동을 나타내잖아? 그런데 그 일이 지금 일어나고 있다면 현재진행 시제라는 것을 사용해야 해. '~하고 있다' 또는 '~하는 중이다'라는 뜻이거든.

그럼 동사 다음에 ing가 있으면 진행 시제라는 뜻이네? wait 뒤에 ing를 붙여서 '기다리고 있다'로 표현한 거고.

그래, 맞아! 오늘은 떡볶이도 맛있게 잘 먹었고 기분이 좋은걸!

떡볶이

그야 넌 얻어먹었으니까 그렇지.

Key Point 현재진행 시제는 어떤 일이나 동작이 지금 일어나고 있다는 것을 나타내. be동사 뒤에 오는 동사 원래의 모양에 -ing를 붙여서 현재진행을 만들어. 아직 어렵지 않지?

지금 일어나고 있다면 동사에 –ing를 콕!

① **지금 일어나고 있는 동작을 표현할 때** 현재진행 시제를 사용해요.

주어 + be동사 + 동사원형 + ing

 She **is playing** badminton.
그녀는 배드민턴을 치고 있다.

 The baby **is lying** on the bed.
그 아기는 침대 위에 누워 있다.

 I **am reading** a book.
나는 책을 읽고 있다.

 I **am running** to you.
나는 너에게 달려가고 있다.

 We **are dancing**.
우리는 춤을 추고 있다.

② 현재진행 시제는 **be**동사를 먼저 쓰고 뒤에 오는 일반동사에 **-ing**를 붙여요.

대부분의 동사 ➜ 동사 + ing	do ➜ doing study ➜ studying eat ➜ eating play ➜ playing
e로 끝나는 동사 ➜ e를 빼고 + ing	dance ➜ dancing make ➜ making use ➜ using give ➜ giving
ie로 끝나는 동사 ➜ ie를 y로 고치고 + ing	lie ➜ lying die ➜ dying
〈단모음 + 단자음〉으로 끝나는 동사 ➜ 자음 하나 더 + ing	run ➜ running swim ➜ swimming sit ➜ sitting cut ➜ cutting

 **Practice**

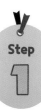

다음 보기에서 알맞은 동사를 골라 현재진행형 문장을 완성하세요.

보기

| clean 청소하다 | make 만들다 | listen 듣다 | watch 보다 |
| use 사용하다 | jog 조깅하다 | cut 자르다 | do 하다 |

1 The boys ____are____ ____listening____ to music.
그 소년들은 음악을 듣고 있다.

2 We _____ _____ our homework.
우리는 우리의 숙제를 하고 있다.

3 She _____ _____ with her dog.
그녀는 그녀의 개와 조깅을 하고 있다.

4 I _____ _____ my room.
나는 내 방을 청소하고 있다.

5 My dad _____ _____ spaghetti.
나의 아빠는 스파게티를 만들고 계신다.

6 Tony _____ _____ the paper.
Tony는 종이를 자르고 있다.

7 He _____ _____ my computer.
그는 내 컴퓨터를 사용하고 있다.

8 Lily and her sister _____ _____ TV.
Lily와 그녀의 언니는 TV를 보고 있다.

Words

music 음악 | **do one's homework** 숙제를 하다 | **room** 방 | **spaghetti** 스파게티 | **paper** 종이
computer 컴퓨터

다음 우리말과 일치하도록 밑줄 친 부분을 바르게 고쳐 쓰세요.

1 Ben is <u>talk</u> with Susie now.
Ben은 지금 Susie와 이야기하고 있다.

talking

2 We are <u>go</u> to the zoo.
우리는 동물원에 가고 있다.

3 She is <u>bake</u> some cookies.
그녀는 쿠키를 굽고 있다.

4 Children are <u>swim</u> in the pool.
아이들은 그 수영장에서 수영하고 있다.

5 My sister is <u>use</u> my phone.
여동생이 내 휴대폰을 사용하고 있다.

6 They are <u>run</u> in the playground.
그들은 놀이터에서 달리고 있다.

7 I am <u>lie</u> on the grass.
나는 잔디 위에 누워 있다.

8 Kelly is <u>sit</u> on the bench.
Kelly는 벤치 위에 앉아 있다.

Practice

Step 3

다음 빈칸에 주어진 동사의 현재진행형을 써서 문장을 완성하세요.

주어에 따라 be동사 모양이 바뀌는 것 잊지 않았지?

1 My mother ____is____ __drinking__ coffee. **drink**

2 I _____ _____ chess with my dad. **play**

3 We _____ _____ for Kelly. **wait**

4 Mr. Brown _____ _____ his car. **wash**

5 He _____ _____ the laundry. **do**

6 They _____ _____ history. **study**

7 The baby _____ _____ on the bed. **lie**

8 Paul _____ _____ a hamburger. **eat**

Words

drink 마시다 | **play chess** 체스를 두다 | **wait for** ~를 기다리다 | **wash one's car** 세차를 하다
do the laundry 빨래를 하다 | **history** 역사 | **lie** 눕다 | **on the bed** 침대 위에

다음 밑줄 친 부분을 바르게 고쳐 문장을 다시 쓰세요.

1 I is waiting for Jake. 나는 Jake를 기다리고 있다.

→ I am waiting for Jake.

2 She are doing the laundry now. 그녀는 지금 빨래를 하고 있다.

→

3 The cat is lieing on my bed. 그 고양이는 내 침대 위에 누워 있다.

→

4 They are dance on the stage. 그들은 무대 위에서 춤을 추고 있다.

→

5 Karen am doing her homework. Karen은 그녀의 숙제를 하고 있다.

→

6 Many people is playing badminton. 많은 사람들이 배드민턴을 치고 있다.

→

7 My dad is makeing spaghetti. 나의 아빠는 스파게티를 만들고 계신다.

→

8 The boys are swiming in the pool. 그 소년들은 수영장에서 수영하고 있다.

→

Words

wait for ~를 기다리다 | **now** 지금 | **lie** 눕다 | **stage** 무대 | **play badminton** 배드민턴을 치다
make 만들다 | **pool** 수영장

1 다음 중 동사의 3인칭 단수 현재형이 <u>잘못</u> 연결된 것을 고르세요.

① do – does ② have – has

③ cry – crys ④ teach – teaches

⑤ go – goes

2 다음 중 동사의 과거형이 <u>잘못</u> 연결된 것을 고르세요.

① eat – eated ② stop – stopped

③ study – studied ④ arrive – arrived

⑤ go – went

3 다음 중 동사의 현재진행형이 <u>잘못</u> 연결된 것을 고르세요.

① run – running ② lie – lieing

③ dance – dancing ④ come – coming

⑤ play – playing

4 다음 중 빈칸에 들어갈 수 <u>없는</u> 것을 고르세요.

> I will visit his house _____.

① tomorrow ② next week ③ tonight

④ yesterday ⑤ soon

5 다음 중 빈칸에 공통으로 들어갈 알맞은 것을 고르세요.

- We _____ watching TV now.
- They _____ going to swim.

① be ② is ③ do
④ will ⑤ are

6 다음 중 빈칸에 들어갈 말이 바르게 짝지어진 것을 고르세요.

- She _____ a birthday party last Friday.
- I _____ late for school yesterday.

① has – was ② has – am ③ have – was
④ had – were ⑤ had – was

[7-8] 다음 중 밑줄 친 부분이 <u>잘못된</u> 것을 고르세요.

7 ① I <u>will do</u> my homework. ② Susan <u>will visit</u> her grandmother.
③ It <u>will rain</u> tonight. ④ You <u>will be</u> 13 years old next year.
⑤ He <u>will has</u> a new bike soon.

8 ① I <u>am going to buy</u> a new phone.
② They <u>are going to move</u> to another city.
③ He <u>is going to clean</u> his room.
④ She <u>is going to stays</u> home tomorrow.
⑤ John and I <u>are going to play</u> badminton.

9 다음 보기의 단어를 이용하여 문장을 완성하세요.

> were   did   made   wanted

❶ Mom _____ some pancakes.
  엄마가 팬케이크를 조금 만드셨다.

❷ I _____ a bike for my birthday.
  나는 내 생일에 자전거를 원했다.

❸ You _____ your best.
  너는 최선을 다했다.

❹ We _____ at the park in the morning.
  우리는 아침에 공원에 있었다.

10 다음 보기의 단어를 이용하여 Lisa의 일기를 완성하세요.

> stayed   played   rained   watched

Date: Sunday, Oct 28th

It ❶ _____ all day, so I ❷ _____
at home.
In the morning, I ❸ _____ chess with my
brother.
We ❹ _____ the movie *Frozen* after dinner.
We had a really good time today!

11 다음 그림을 보고 보기의 단어를 이용하여 현재진행형 문장을 완성하세요.

eat

sit

play

walk

❶ A boy _____ in the park.

❷ A girl _____ a burger with orange juice.

❸ Children _____ badminton.

❹ Two girls _____ on the bench.

12 다음 우리말과 일치하도록 주어진 단어를 알맞게 배열하세요.

❶ 그들은 우리 집에 왔다. came   They   to   my house

➡ _____.

❷ 그녀는 매일 밤 하늘을 본다. looks at   She   every night   the sky

➡ _____.

❸ 나의 엄마는 새 차를 사실 것이다. is going to   a new car   My mom   buy

➡ _____.

❹ 나의 아빠는 스파게티를 만들고 계신다. is   spaghetti   My dad   making

➡ _____.

math

bike

Chapter

2

문장의 종류 ①

be동사의 부정문, 의문문

와, 새 옷 멋지다!

모델이 좋으니까 옷이 빛나는 거 아니겠어? 하하하!

Are you ready?

우쭐

어우, 저 왕자병. 너 옷에 적힌 문장이 무슨 뜻인지 알아?

당연하지! Are는 be동사, you는 '너'라는 대명사고, ready는 '준비된'이라는 뜻의 형용사잖아. 어? 그런데 주어와 동사 순서가 이상하네?

그건 be동사의 의문문이어서 그런 거야. 의문문은 질문하는 문장인데, be동사가 먼저 오고 그 뒤에 주어가 오거든. 그래서 '너 준비됐니?'라고 물어보는 be동사 의문문인 거야.

그럼 뒤에 적힌 I'm not ready.는 be동사의 부정문이겠네. be동사 뒤에 not이 있으니까 '나는 준비되지 않았다.'는 뜻인 거고.

그래, 맞아.

I'm not ready.

사실 이 옷을 입은 이유가 저번에 핫도그 먹을 때 너에게 빌린 돈이 아직 준비가 안 되어서야. I am not ready!

너무 뻔뻔한 거 아니니? 참나!

I'm not ready.

Key Point 이제는 우리에게 너무나 익숙한 be동사! be동사의 부정문과 의문문은 간단한 공식이 있어서 그것만 알면 문제없어. 어떤 공식인지 한번 알아볼까?

아니라고 하고 싶을 땐 not을 붙여봐

① **be동사의 부정문은 be동사 뒤에 not을 붙여요.**

I am not a singer.
나는 가수가 아니다.

She is not in the kitchen.
그녀는 부엌에 있지 않다.

They are not my bags.
그것들은 나의 가방들이 아니다.

☆ is not을 isn't로,
are not을 aren't로
줄여 쓰기도 해요.
하지만 am not은 줄일 수 없어요!

---

② **be동사의 부정문은 주어와 be동사의 자리를 바꾸고 물음표를 써요.**

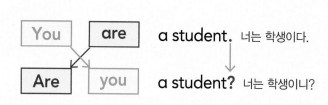

| You | are | a student. 너는 학생이다. |
| Are | you | a student? 너는 학생이니? |

She　is　in the garden. 그녀는 정원에 있다.

Is　she　in the garden? 그녀는 정원에 있니?

---

③ **의문문 대답은 〈Yes, 주어 + be동사.〉 또는 〈No, 주어 + be동사 + not.〉으로 해요.**

A: **Are you** happy? 너는 행복하니?

B: **Yes, I am.** 응, 그래.

A: **Is he** your brother? 그는 너의 오빠이니?

B: **No, he is not.** 아니, 그렇지 않아.

Step 1

다음 괄호 안에서 알맞은 것을 고르세요.

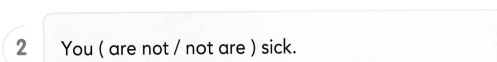

주어에 따른 be동사가 무엇인지 알면 쉬워!

1 I (am not / is not) tired.

2 You (are not / not are) sick.

3 We (are not / not are) hungry.

4 The boxes (is not / are not) heavy.

5 Mike (not is / is not) angry.

6 Elephants (not are / are not) small.

7 She (not is / is not) in the library.

8 Sally (is not / am not) late for school.

Words

tired 피곤한 | **sick** 아픈 | **hungry** 배고픈 | **heavy** 무거운 | **angry** 화난 | **in the library** 도서관에
be late for ～에 늦다

44

Step 2

다음 괄호 안에서 알맞은 것을 고르세요.

1 (Is / (Are)) you tired?

2 (Am / Are) I pretty?

3 (Is / Are) they your friends?

4 (Am / Are) we busy?

5 (Is / Are) your mother in the kitchen?

6 (Are / Is) Harry and Edward twins?

7 (Is / Are) that your new bike?

8 (Is / Are) they in Germany?

Words

pretty 예쁜 | **friend** 친구 | **busy** 바쁜 | **in the kitchen** 부엌에 | **twins** 쌍둥이 | **bike** 자전거
in ~에 | **Germany** 독일

Step 3

다음 대화의 빈칸에 들어갈 알맞은 말을 쓰세요.

1
A: Are you a teacher? 당신은 선생님인가요?

B: Yes, ____I____ ___am___.

2
A: Is she your mother? 그녀는 너의 어머니시니?

B: Yes, _____ _____.

3
A: Are you hungry? 너는 배고프니?

B: No, I'm _____.

> I am을 줄여서 I'm으로 쓰기도 해.

4
A: Is Sarah a nurse? Sarah는 간호사이니?

B: _____, _____ isn't.

5
A: Are they your classmates? 그들은 너의 반 친구들이니?

B: _____, they are not.

6
A: Is this your bag? 이것은 너의 가방이니?

B: Yes, _____ _____.

Words

teacher 선생님 | **hungry** 배고픈 | **nurse** 간호사 | **classmate** 급우, 반 친구 | **bag** 가방

다음 문장을 부정문 또는 의문문으로 바꿔 쓰세요.

1 We are twins. 우리는 쌍둥이다.

➡ 부정문 We are not twins.

2 Sally is happy. Sally는 행복하다.

➡ 의문문

3 You are sleepy. 너는 졸리다.

➡ 부정문

4 English is difficult. 영어는 어렵다.

➡ 의문문

5 Emily is angry. Emily는 화가 났다.

➡ 부정문

6 It is your notebook. 그것은 너의 공책이다.

➡ 의문문

7 They are in the living room. 그들은 거실에 있다.

➡ 부정문

8 The book is fun. 그 책은 재미있다.

➡ 의문문

Words

twins 쌍둥이 | **happy** 행복한 | **sleepy** 졸린 | **difficult** 어려운 | **angry** 화난 | **notebook** 공책
living room 거실 | **fun** 재미있는

be동사 과거형의 부정문, 의문문

흐음. 일기를 쓰는데 be동사의 과거형이 꼭 필요하네.

맞아. 일기 쓸 때 be동사 과거형은 필수야. 영어 동아리 회장으로서 한 수 가르쳐주지. am과 is의 과거형은 was, are의 과거형은 were이야!

에이, 그건 나도 알아. 내가 모르는 걸 알려달라고.

그렇다면 be동사의 과거형 부정문과 의문문은 알아? be동사의 과거형 부정문은 was와 were 뒤에 not을 넣어주면 되고, 과거형 의문문은 주어와 be동사 자리를 바꿔서 만들거든.

아! be동사의 현재형이나 과거형이나 부정문과 의문문 만드는 법이 똑같네!

BINGO!

문법이가 잘 설명해 주었구나! 밖에서 다 듣고 있었는데 아주 똑 부러지게 말해서 더 말할 것도 없네.

지난 시간에 배운 걸 응용한 거뿐인데요, 뭘.

훗~ 나란 남자란

Key Point

be동사의 현재형은 am, are, is이지? be동사의 과거형은 was와 were이야. 그래서 과거형의 부정문은 was와 were 뒤에 not만 넣어주면 돼. 그리고 의문문은 주어와 be동사 자리를 바꾸기만 하면 되고. 어때, 참 쉽지?

과거를 부정하고 싶을 때도 not을 붙여봐

① **be동사의 과거형**은 **was**와 **were**가 있어요.

| am, is → **was** | I am 14 years old. → I **was** 13 years old last year.
나는 14살이다.　　　　　　　　나는 작년에 13살이었다. |
| are → **were** | We are busy. → We **were** busy yesterday.
우리는 바쁘다.　　　　　우리는 어제 바빴다. |

② **be동사의 과거형 부정문**은 **be동사** 뒤에 **not**을 붙여요.

 I **was not** tired.

나는 피곤하지 않았다.

 They **were not** at school.

그들은 학교에 있지 않았다.

✬ was not을 wasn't로, were not을 weren't로 줄여 쓰기도 해요.

③ **be동사의 과거형 의문문**은 주어와 **be동사**의 자리를 바꾸고 물음표를 써요.

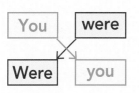

| You | were | at home. 너는 집에 있었다. |
| Were | you | at home? 너는 집에 있었니? |

It　was　hot yesterday. 어제는 더웠다.

Was　it　hot yesterday? 어제는 더웠니?

④ 의문문 대답은 〈Yes, 주어 + be동사의 과거형.〉 또는 〈No, 주어 + be동사의 과거형 + not.〉으로 해요.

A: **Were you** hungry? 너는 배고팠니?

B: Yes, **I was.** 응, 그랬어.

A: **Was it** a nice trip? 좋은 여행이었니?

B: No, **it was not.** 아니, 그렇지 않아.

 **Practice**

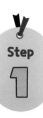

Step 1 다음 괄호 안에서 알맞은 것을 고르세요.

1 I (was not / not was) in Spain last year.

2 You (were not / not were) hungry.

am, is의 과거형은 was, are의 과거형은 were이야!

3 They (were not / was not) in Seoul.

4 It (was not / not was) sunny yesterday.

5 Amy (were not / was not) happy.

6 The kids (not were / were not) tall last year.

7 She (not was / was not) in the park.

8 Karen (was not / is not) in the office yesterday.

Words

in ~에 | **last year** 지난해, 작년 | **hungry** 배고픈 | **sunny** 화창한 | **happy** 행복한 | **tall** 키가 큰 |
park 공원 | **office** 사무실

다음 괄호 안에서 알맞은 것을 고르세요.

was와 were를
문장 앞으로 보내면
be동사의 과거형 의문문이야.

1 (Was / Were) it Monday yesterday?

2 (Was / Were) they happy with your present?

3 (Was / Were) the shop open last Sunday?

4 (Was / Were) he at home?

5 (Was / Were) you busy yesterday?

6 (Was / Were) the movie nice?

7 (Was / Were) he your teacher last year?

8 (Was / Were) they at the party last night?

Words

Monday 월요일 | **present** 선물 | **shop** 가게 | **open** (문 또는 가게 등을) 열다 | **Sunday** 일요일
at home 집에 | **movie** 영화 | **teacher** 선생님 | **party** 파티

다음 대화의 빈칸에 들어갈 알맞은 말을 쓰세요.

1

A: Were you at home? 너는 집에 있었니?

B: Yes, _____ _____.
     I   was

2

A: Was he busy yesterday? 그는 어제 바빴니?

B: Yes, _____ _____.

3

A: Was it cold last night? 지난밤에 추웠니?

B: No, _____ was _____.

4

A: Was he 9 years old last year? 그는 지난해에 9살이었니?

B: _____, he was.

5

A: Was Andy sick? Andy는 아팠니?

B: No, he _____.

> was not은
> wasn't로
> 줄일 수 있어.

6

A: Were you sad? 너는 슬펐니?

B: No, _____ _____.

Words

at home 집에 | **busy** 바쁜 | **cold** 추운 | **last night** 지난밤 | **last year** 지난해 | **sick** 아픈
sad 슬픈

Step 4 다음 문장을 부정문 또는 의문문으로 바꿔 쓰세요.

1 They were sad. 그들은 슬펐다.
➡ 부정문   They were not sad.

2 You were in Canada. 너는 캐나다에 있었다.
➡ 의문문

3 You were sleepy. 너는 졸렸다.
➡ 부정문

4 The soup was hot. 그 수프는 뜨거웠다.
➡ 의문문

5 My father was angry. 나의 아버지는 화가 나셨다.
➡ 부정문

6 The cats were in the box. 그 고양이들은 상자 안에 있었다.
➡ 의문문

7 They were in the gym. 그들은 체육관에 있었다.
➡ 부정문

8 The zoo was open yesterday. 그 동물원은 어제 문을 열었다.
➡ 의문문

Words

sleepy 졸린 | soup 수프 | hot 뜨거운, 더운 | angry 화난 | in the box 상자 안에 | gym 체육관
open (문 또는 가게 등을) 열다 | yesterday 어제

일반동사의 부정문, 의문문

우와앗! 신난다! 수지에게 드디어 답장이 왔어!

오, 진짜? 궁금하다! 어서 읽어봐!

어... 그런데 편지가 조금 이상한 거 같아. 나 대신 좀 읽어 줄래?

부들 부들

왜? 뭐라고 적혀 있는데?

I am sorry. I do not love you.

설마!

아니지?

설마 내가 생각하는 그 부정문은 아니지?

미안하지만, 맞아. 직접적으로 일반동사 love 앞에 **do not**을 넣어서 부정문을 썼네. 수지는 네가 싫다고 딱 잘라 거절한 거야.

아아...

내 사랑이 떠나가네...

휑~

Key Point

일반동사의 부정문은 동사 앞에 do not을 붙이기만 하면 끝! 일반동사 의문문도 만들기 쉬워. Do를 문장 맨 앞에 넣기만 하면 되거든. 하나 더! 부정문과 의문문의 주어가 3인칭 단수일 때는 do가 아니라 does를 써야 해.

Do! Do! Do! 나를 적극 활용해 주세요

① **일반동사의 부정문**은 일반동사 앞에 **do not**을 넣어 만들어요.

 I don't like carrots.

나는 당근을 좋아하지 않는다.

⭐ don't는 do not의, doesn't는
does not의 줄임말이에요.

② 주어가 3인칭 단수(He, She, It)일 때는 **do not**이 아닌 **does not**을 사용하고, 동사 원래의 모양(동사원형)을 써야 해요.

Sarah doesn't sing well.

Sarah는 노래를 잘 부르지 않는다.

주의! Sarah doesn't ~~sings~~ well.

 주어가 3인칭 단수여도
does not 뒤 동사에
-(e)s를 붙이면 안 돼!
이건 정말 중요해!

③ **일반동사의 의문문**은 문장 맨 앞에 **Do**를 넣어요. 단, 주어가 3인칭 단수일 때는 **Does**를 쓰고 동사 원래의 모양(동사원형)을 사용해요.

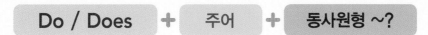 **Do / Does** ➕ 주어 ➕ **동사원형 ~?**

Do you like music?

너는 음악을 좋아하니?

Does she eat hamburgers?

그녀는 햄버거를 먹니?

④ 의문문 대답은 〈Yes, 주어 + do/does.〉 또는 〈No, 주어 + don't/doesn't.〉으로 해요.

A: **Do** they read books? 그들은 책을 읽니?

B: Yes, they **do.** 응, 그래.

A: **Does** she jog every day? 그녀는 매일 조깅을 하니?

B: No, she **doesn't.** 아니, 그렇지 않아.

> **do**는 일반동사로서 '~하다'는 의미를 가져요.
>
> I **do** my homework. 나는 나의 숙제를 한다.　　You **do** your best. 너는 최선을 다한다.
>
> 그러나 일반동사의 부정문이나 의문문에서는 부정문과 의문문을 만드는 것을 도와주는 역할을 할 뿐이에요.
>
> I **do** not work today. 나는 오늘 일하지 않는다.　　**Do** you want an apple? 너는 사과를 원하니?

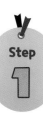

Practice

Step 1

다음 괄호 안에서 알맞은 것을 고르세요.

1 I (do not / does not) need a new computer.

2 You (do not / does not) play the guitar.

주어가 먼저 잘 봐야해!
보통 때는 do not을 쓰지만
3인칭 단수일 때는
does not을 써야 하지!

3 We (does not / do not) get up early.

4 She (do not / does not) like soccer.

5 Andy (do not / does not) wear glasses.

6 He (does not / do not) eat breakfast.

7 They (do not / does not) eat junk food.

8 The doctor (does not / do not) work on Sunday.

Words

computer 컴퓨터 | **play the guitar** 기타를 연주하다 | **get up early** 아침 일찍 일어나다
wear glasses 안경을 쓰다 | **junk food** 인스턴트 음식이나 패스트푸드 같은 불량식품 | **work** 일하다

Step **2** 다음 괄호 안에서 알맞은 것을 고르세요.

1 ((Do) / Does) you speak English?

2 (Does / Do) they go to school?

3 (Do / Does) your brother swim well?

4 (Do / Does) he like math?

5 (Does / Do) Emily play the violin?

6 (Do / Does) you like Italian food?

7 (Do / Does) she eat dinner every day?

8 (Does / Do) Kevin know my name?

Words

speak 말하다 | **English** 영어 | **go to school** 학교에 가다 | **swim** 수영하다 | **math** 수학
Italian food 이탈리안 음식 | **every day** 매일 | **know one's name** 이름을 알다

Practice

Step 3

다음 대화의 빈칸에 들어갈 알맞은 말을 쓰세요.

1
A: Do you like fruit? 너는 과일을 좋아하니?
B: Yes, ___I___ ___do___.

2
A: Does Cathy go to bed early? Cathy는 일찍 잠자리에 드니?
B: No, _____ doesn't.

3
A: Does she like history? 그녀는 역사를 좋아하니?
B: Yes, _____ _____.

4
A: Do you need some money? 너는 돈이 조금 필요하니?
B: No, _____ don't.

5
A: Does it snow much in winter? 겨울에 눈이 많이 오니?
B: No, _____ _____.

6
A: Do Mike and his dad play soccer? Mike와 그의 아빠는 축구를 하니?
B: No, _____ _____.

Words

fruit 과일 | go to bed 잠자리에 들다 | early 이른, 일찍 | history 역사 | need 필요하다
money 돈 | snow 눈이 내리다 | play soccer 축구를 하다

다음 밑줄 친 부분을 바르게 고쳐 문장을 다시 쓰세요.

1 They do not <u>exercises</u> in the morning. 그들은 아침에 운동을 하지 않는다.

→ They do not exercise in the morning.

2 Does she <u>has</u> a daughter? 그녀는 딸이 있니?

→

3 <u>Does</u> you want a new jacket? 너는 새 재킷을 원하니?

→

4 <u>Do</u> your brother work at the bank? 너의 형은 그 은행에서 일하니?

→

5 Mr. White doesn't <u>likes</u> snow. White 씨는 눈을 좋아하지 않는다.

→

6 He <u>don't</u> drive a car. 그는 차를 운전하지 않는다.

→

7 Does Jenny <u>cleans</u> her room? Jenny는 그녀의 방을 청소하니?

→

8 He doesn't <u>knows</u> my name. 그는 내 이름을 알지 못한다.

→

Words

do exercise 운동을 하다 | **daughter** 딸 | **jacket** 재킷 | **work** 일하다 | **bank** 은행
drive 운전하다 | **clean** 청소하다 | **know one's name** 이름을 알다

일반동사 과거형의 부정문, 의문문

Mike
You did not come to my birthday party.

띵동!

앗. 문자가 왔네.

어제 Mike 생일 파티였잖아. 나는 외할머니 댁에 가야 해서 못 간다고 미리 말했는데, 너는 안 갔어?

아차! 어제 낮잠 자느라고 깜박하고 못 갔어. 근데 이 did not은 혹시 부정인가?

응, did not은 일반동사 부정문 do not의 과거형이야.

그렇구나. 그나저나 미안해서 어떡하지.

Mike가 많이 서운해하겠지만 솔직하게 말하고 사과해야지.

생일 선물이면 다 해결될 거야. 파티 좀 안 갔다고 나와 Mike의 우정은 흔들리지 않거든.

다다다

어이구. 저기 Mike 표정을 좀 보고 말해.

 Key Point

일반동사의 과거형 부정문은 주어에 상관없이 did not을 동사 앞에 넣으면 돼. 일반동사의 과거형 의문문은 Did를 문장 맨 앞에 넣어주면 되지.

지나간 과거에는 did를 써주세요

① **일반동사의 과거형 부정문**은 주어와 인칭에 관계없이 일반동사 앞에 **did not**을 붙인 다음 동사원형을 써요.

I did not have lunch.

나는 점심을 먹지 않았다.

Nancy didn't read the book.

Nancy는 그 책을 읽지 않았다.

He didn't watch TV last night.

그는 지난밤에 TV를 보지 않았다.

⭐ didn't는 did not의 줄임말이에요.

---

② **일반동사의 과거형 의문문**은 주어와 인칭에 관계없이 문장 맨 앞에 **Did**를 넣고 주어 다음에 동사원형을 써요.

Did you go to the zoo?

너는 동물원에 갔니?

Did she buy a new hat?

그녀는 새 모자를 샀니?

---

③ 의문문 대답은 〈Yes, 주어 + did.〉 또는 〈No, 주어 + did + not.〉으로 해요.

A: **Did they** meet last night? 그들은 지난밤에 만났니?

B: **Yes, they did.** 응, 그랬어.

A: **Did Mark** play tennis? Mark는 테니스를 쳤니?

B: **No, he did not.** 아니, 그러지 않았어.

 Practice

 Step 1

다음 괄호 안에서 알맞은 것을 고르세요.

과거 시제에는 yesterday (어제), last night (지난밤) 등의 시간 표현을 함께 사용해.

1   I (do not / did not) go to the park yesterday.

2   You (do not / did not) finish your homework yesterday.

3   We did not (go / went) to the museum last Friday.

4   Susan (did not / does not) play the piano yesterday.

5   He (did not / does not) go to bed early last night.

6   Jenny did not (come / came) to school yesterday.

7   Julie did not (have / has) breakfast this morning.

8   She (do not / did not) watch the movie.

 Words

to the park 공원에, 공원으로 | **finish** 끝내다, 마치다 | **museum** 박물관 | **last Friday** 지난 금요일
play the piano 피아노를 연주하다 | **go to bed** 잠자리에 들다 | **watch a movie** 영화를 보다

62

다음 괄호 안에서 알맞은 것을 고르세요.

일반동사의 과거형 의문문은
⟨Did + 주어 + 동사원형~?⟩이면
쉽게 만들 수 있지!

1 (Do / Did) you jog yesterday?

2 (Does / Did) he buy new glasses yesterday?

3 (Do / Did) they go to the concert last Tuesday?

4 (Does / Did) she meet her friends last Saturday?

5 Did you (make / made) the cake?

6 Did the boy (play / plays) basketball?

7 Did she (live / lives) in New York?

8 Did Mark (eat / ate) the apple pie?

Words

jog 조깅하다 | **buy** 사다 | **glasses** 안경 | **concert** 콘서트, 연주회 | **Tuesday** 화요일
meet 만나다 | **Saturday** 토요일 | **basketball** 농구 | **live in** ~에 살다 | **apple pie** 사과파이

Step 3 다음 대화의 빈칸에 들어갈 알맞은 말을 쓰세요.

1

A: Did you sleep well? 너는 잘 잤니?

B: Yes, I ___did___.

2

A: Did she go to school? 그녀는 학교에 갔니?

B: Yes, she _____.

3

A: Did they play badminton? 그들은 배드민턴을 쳤니?

B: No, _____ didn't.

4

A: Did Steve fix his car? Steve는 그의 차를 고쳤니?

B: Yes, _____ _____.

5

A: Did you buy the bag? 너는 그 가방을 샀니?

B: No, _____ _____.

6

A: Did he enjoy the movie? 그는 그 영화를 즐겼니?

B: _____, he did.

Words
sleep 자다 | **play badminton** 배드민턴을 치다 | **fix** 고치다 | **buy** 사다 | **enjoy** 즐기다

Step 4 다음 밑줄 친 부분을 바르게 고쳐 문장을 다시 쓰세요.

1 It did not <u>rained</u> yesterday. 어제는 비가 오지 않았다.

➡ It did not rain yesterday.

2 Did she <u>had</u> lunch? 그녀는 점심을 먹었니?

➡

3 <u>Do</u> you buy a new computer last week? 너는 지난주에 새 컴퓨터를 샀니?

➡

4 Did Paul <u>works</u> at the bank? Paul은 그 은행에서 일했니?

➡

5 We didn't <u>liked</u> the movie. 우리는 그 영화를 좋아하지 않았다.

➡

6 He did not <u>fixed</u> the bike. 그는 그 자전거를 고치지 않았다.

➡

7 Did Sally <u>drinks</u> milk? Sally는 우유를 마셨니?

➡

8 He didn't <u>lives</u> in Canada. 그는 캐나다에 살지 않았다.

➡

Words

rain 비가 오다 | **lunch** 점심 식사 | **bank** 은행 | **like** 좋아하다 | **drink** 마시다 | **live in** ~에 살다

[1-2] 다음 중 빈칸에 들어갈 알맞은 것을 고르세요.

1

_____ you a student?

① Am   ② Are   ③ Is

④ Do   ⑤ Does

2

Tom _____ in Spain last year.

① is not   ② were not   ③ am not

④ are not   ⑤ was not

[3-4] 다음 중 빈칸에 공통으로 들어갈 알맞은 것을 고르세요.

3

- I _____ not need a new bike.
- They _____ not eat junk food.

① am   ② are   ③ be

④ do   ⑤ does

4

- _____ Kevin want some salad?
- _____ your sister swim well?

① Is   ② Are   ③ Be

④ Do   ⑤ Does

[5-6] 다음 중 질문에 대한 대답으로 알맞은 것을 고르세요.

5

A: Were they at home yesterday?

B: _____

① Yes, they do.　② Yes, they were.　③ Yes, they does.

④ No, they aren't.　⑤ No, they wasn't.

6

A: Did you go to the zoo last Saturday?

B: _____

① Yes, I do.　② Yes, I didn't.　③ Yes, I was.

④ No, I didn't.　⑤ No, I don't.

[7-8] 다음 중 밑줄 친 부분이 <u>잘못된</u> 것을 고르세요.

7　① Andy <u>don't drink</u> milk.

② My dad <u>doesn't like</u> coffee.

③ We <u>do not go</u> to school on Sundays.

④ They <u>did not have</u> lunch.

⑤ He <u>did not play</u> the piano.

8　① They <u>were not</u> at home last night.

② The weather <u>was not</u> nice yesterday.

③ Sally <u>is not</u> late for school.

④ The boxes <u>are not</u> heavy.

⑤ The kids <u>was not</u> tall last year.

9 다음 보기의 단어를 이용하여 대화를 완성하세요.

teach	Does	Do	doesn't

A: ❶ _____ your father ❷ _____ English?

B: No, he ❸ _____. He teaches math.

A: Oh. ❹ _____ you like math?

B: Yes, I do. I love math.

10 다음 밑줄 친 부분을 바르게 고쳐 쓰세요.

❶ I <u>were not</u> in New York last year.

➡ _____

❷ Tony and I <u>was not</u> busy last week.

➡ _____

❸ My sister <u>didn't buys</u> a new car.

➡ _____

❹ She <u>does not likes</u> soccer.

➡ _____

11 다음 주어진 단어를 이용하여 대화를 완성하세요.

❶ A: _____ you _____ James? know Do

B: Yes, I do. He is my friend.

❷ A: _____ Tony _____ dogs? Does like

B: No, he doesn't. He likes cats.

❸ A: _____ your aunt _____ in Seoul? live Did

B: No, she didn't. She lived in Daegu.

❹ A: _____ you _____ yesterday? Did jog

B: Yes, I did.

12 다음 우리말과 일치하도록 주어진 단어를 알맞게 배열하세요.

❶ 그녀는 공원에 있지 않다. in the park not She is

➡ _____.

❷ 그들은 슬프지 않았다. sad They not were

➡ _____.

❸ 그는 안경을 쓰지 않는다. does He not glasses wear

➡ _____.

❹ 나는 오늘 아침 식사를 하지 않았다. have didn't today I breakfast

➡ _____.

phone

cake

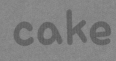

Chapter

3

문장의 종류 ②

Unit 4 현재진행의 부정문, 의문문

야호! 수업 끝났다!

너 어디 가? 오늘 나랑 같이 공부하기로 했잖아. 설마 잊어버린 건 아니지?

흥. 정확히 말하면 현재진행의 부정문과 의문문이거든. 어디 한번 설명해봐.

현재진행은 We are studying English.처럼 현재의 상황을 나타내. 그래서 부정문은 be동사 뒤에 not을 넣어주면 We are not studying English.가 되는 거지.

아냐, 아냐. 당연히 기억하지!

오늘 현재진행 시제에 대해서 공부하기로 했었잖아.

오오~

잘 알고 있네. 그러면 의문문은?

그건 선생님이 대신 말해도 될까? 현재진행의 의문문은 주어와 be동사의 자리를 바꿔주면 돼. Are you studying English? 처럼 말이야.

어어?! 제가 설명할 수 있었다고요~ 이대로는 아쉬우니까 마무리는 제가 할래요!

쌩~

Key Point
현재진행의 부정문과 의문문은 전혀 어렵지 않아! be동사의 부정문과 의문문 만들기와 같거든. 그러니 be동사를 잘 아는 게 중요하겠지?

현재진행의 부정도 not 하나면 해결!

① 현재진행의 부정문은 be동사 뒤에 **not**을 붙이면 돼요.

 I **am not** sleeping.

나는 자고 있지 않다.

 They **are not playing** computer games.

그들은 컴퓨터 게임을 하고 있지 않다.

 She **is not using** a smartphone.

그녀는 스마트폰을 사용하고 있지 않다.

---

② 현재진행의 의문문은 주어와 be동사의 자리를 바꾸고 물음표를 써요.

 You | are | 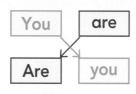 eating pancakes. 너는 팬케이크를 먹고 있다.

Are | you | eating pancakes? 너는 팬케이크를 먹고 있니?

---

③ 의문문 대답은 〈Yes, 주어 + be동사.〉 또는 〈No, 주어 + be동사 + not.〉으로 해요.

A: **Am** I speaking fast? 내가 빨리 말하고 있니?

B: Yes, **you are.** 응, 그러고 있어.

A: **Are** you doing your homework? 너는 숙제를 하고 있니?

B: No, I **am not.** 아니, 그러고 있지 않아.

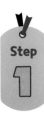

Practice

다음 괄호 안에서 알맞은 것을 고르세요.

1   She (is not / not is) crying.

2   You (are not / not are) sleeping.

3   The monkeys (are not / not are) climbing the tree.

4   I (am not / not am) reading a book.

5   David is not (walk / walking) in the park.

6   They are not (watch / watching) a soccer game.

7   My dad is not (working / work) now.

8   I am not (write / writing) a letter.

Words

cry 울다 | **sleep** 자다 | **climb** 오르다 | **read a book** 책을 읽다 | **in the park** 공원에서
soccer game 축구 경기 | **work** 일하다 | **now** 지금 | **write** 쓰다 | **letter** 편지

74

Step 2

다음 괄호 안에서 알맞은 것을 고르세요.

1 (Is / Are) you listening to music?

2 (Am / Are) I eating fast?

3 (Is / Are) they playing basketball?

4 (Is / Are) it snowing now?

5 Is Kate (clean / cleaning) the kitchen?

6 Are you (have / having) a good time?

7 Is Ben (staying / stay) at your home?

8 Are they (bake / baking) bread?

Words

listen to music 음악을 듣다 | **fast** 빠르게 | **play basketball** 농구를 하다 | **snow** 눈이 내리다
kitchen 부엌 | **time** 시간 | **stay** 지내다, 머무르다 | **bake** (오븐에) 굽다

Practice

다음 대화의 빈칸에 들어갈 알맞은 말을 쓰세요.

1

A: Are you taking a rest? 너는 쉬고 있니?

B: Yes, I ___am___.

2

A: Is he driving a car? 그는 차를 운전하고 있니?

B: No, he is _____.

3

A: Are they swimming? 그들은 수영하고 있니?

B: Yes, _____ _____.

4

A: Is Sarah playing the violin? Sarah는 바이올린을 연주하고 있니?

B: No, she _____.

> is not은 isn't로, are not은 aren't로 줄여 쓸 수 있어.

5

A: Are they cleaning the room? 그들은 그 방을 청소하고 있니?

B: No, _____ _____.

6

A: Is the dog barking? 그 개가 짖고 있니?

B: Yes, _____ _____.

Words

take a rest 쉬다 | **drive** 운전하다 | **swim** 수영하다 | **play the violin** 바이올린을 연주하다
clean 청소하다 | **room** 방 | **bark** 짖다

다음 문장을 부정문 또는 의문문으로 바꿔 쓰세요.

1 We are having dinner. 우리는 저녁을 먹고 있다.

➡ 부정문   We are not having dinner.

2 I am watching TV. 나는 TV를 보고 있다.

➡ 의문문

3 The baby is sleeping. 그 아기는 자고 있다.

➡ 부정문

4 It is snowing. 눈이 내리고 있다.

➡ 의문문

5 The bird is singing. 새가 지저귀고 있다.

➡ 부정문

6 Children are swimming. 아이들이 수영하고 있다.

➡ 의문문

7 They are dancing together. 그들은 함께 춤을 추고 있다.

➡ 부정문

8 Dad is cooking spaghetti. 아빠는 스파게티를 요리하고 계신다.

➡ 의문문

Words

have dinner 저녁을 먹다 | **watch** 보다, 시청하다 | **bird** 새 | **children** 아이들 | **together** 함께
cook 요리하다

영이처럼 자신이 한 말을 상대방에게 **다시 확인하려고 물어보는 질문**을 '부가의문문'이라고 해. **I look pretty in this skirt, don't I?**에서 앞 문장은 '이 치마 입으니까 나 예쁘지.'란 뜻이고, 뒤의 의문문은 '그렇지 않니?'라는 부가의문문이지.

Key Point 부가의문문은 문장 끝에 덧붙이는 의문문으로, 자신이 한 말을 상대방에게 확인하거나 동의를 구할 때 쓰여. 이런 부가의문문을 어떻게 만드는지 한번 살펴보도록 하자!

한 번 더 확실하게 확인하고 싶다면?

① 앞 문장이 **긍정문**이면 **부정형**의 부가의문문을, **부정문**이면 **긍정형**의 부가의문문을 써요.

② 앞 문장의 동사가 **be동사**이면 **be동사**를 사용하고, 앞 문장의 동사가 **일반동사**이면 **do, does**를 사용해요.

- 앞 문장이 긍정문일 때

부정형의 부가의문문은 반드시 don't, isn't 같은 줄임말을 써야 해! 그리고 앞 문장의 주어를 그대로 사용해서 만들지.

You are a student, **aren't you**? 너는 학생이야, 그렇지 않니?

be동사 긍정문   부정형

He teaches English, **doesn't he**? 그는 영어를 가르쳐, 그렇지 않니?

일반동사 긍정문   부정형 → 주어가 3인칭 단수(He)니까 **does**를 사용해요.

- 앞 문장이 부정문일 때

앞 문장의 주어가 명사이더라도 부가의문문의 주어는 꼭 대명사로 바꿔야 해.

Henry isn't your brother, **is he**? Henry는 너의 형이 아니야, 그렇지?

be동사 부정문   긍정형

You don't like vegetables, **do you**? 너는 채소를 좋아하지 않아, 그렇지?

일반동사 부정문   긍정형

 # Practice

다음 괄호 안에서 알맞은 것을 고르세요.

잘 기억해~
앞이 긍정문이면
뒤는 부정형의 의문문,
앞이 부정문이면
뒤는 긍정형의 의문문이야!

1   He is a teacher, (is he / isn't he)?

2   You are not lazy, (are you / aren't you)?

3   He doesn't live here, (does he / doesn't he)?

4   You are smart, (are you / aren't you)?

5   She plays the piano, (does she / doesn't she)?

6   She isn't Korean, (is she / isn't she)?

7   They love animals, (do they / don't they)?

8   You don't have a pet, (do you / don't you)?

Words

teacher 선생님 | lazy 게으른 | here 여기(에) | smart 똑똑한 | play the piano 피아노를 연주하다
Korean 한국인 | animal 동물 | pet 애완동물

Step 2 다음 빈칸에 알맞은 말을 써서 부가의문문을 완성하세요.

1 You are an actor, ____aren't____ you?

2 Sally isn't his cousin, _____ she?

3 They have a beautiful garden, don't _____?

4 He likes nature, _____ he?

5 Tom speaks Chinese, doesn't _____?

6 You are not angry, _____ you?

7 You don't eat vegetables, _____ you?

8 The movie is fun, _____ it?

Words

actor 배우 | cousin 사촌 | beautiful 아름다운 | garden 정원 | nature 자연
Chinese 중국어 | angry 화난 | vegetable 채소

Practice

Step 3 다음 빈칸에 알맞은 부가의문문을 써서 문장을 완성하세요.

1 You like spaghetti, ___don't___ ___you___?
너는 스파게티를 좋아해, 그렇지 않니?

2 She doesn't have a phone, _____ _____?
그녀는 휴대폰이 없어, 그렇지?

3 You are tall, _____ _____?
너는 키가 커, 그렇지 않니?

4 Jane doesn't drink coffee, _____ _____?
Jane은 커피를 마시지 않아, 그렇지?

5 He is handsome, _____ _____?
그는 잘생겼어, 그렇지 않니?

6 He studies hard, _____ _____?
그는 열심히 공부해, 그렇지 않니?

7 You aren't busy, _____ _____?
너는 바쁘지 않아, 그렇지?

8 She isn't an artist, _____ _____?
그녀는 예술가가 아니야, 그렇지?

Words

spaghetti 스파게티 | **phone** 전화기, 휴대폰 | **tall** 키가 큰 | **coffee** 커피 | **handsome** 잘생긴
study hard 열심히 공부하다 | **artist** 예술가

Step 4

다음 밑줄 친 부분을 바르게 고쳐 문장을 다시 쓰세요.

1 You are happy, <u>are you</u>? 너는 행복해, 그렇지 않니?

→ You are happy, aren't you?

2 She has two cats, <u>does she</u>? 그녀는 고양이 두 마리가 있어, 그렇지 않니?

→

3 Kevin doesn't have a bike, <u>doesn't he</u>? Kevin은 자전거가 없어, 그렇지?

→

4 James is a pilot, <u>is he</u>? James는 조종사야, 그렇지 않니?

→

5 Emily doesn't like fish, <u>doesn't she</u>? Emily는 생선을 좋아하지 않아, 그렇지?

→

6 She is kind, <u>is she</u>? 그녀는 친절해, 그렇지 않니?

→

7 You don't eat junk food, <u>don't you</u>? 너는 정크 푸드를 먹지 않아, 그렇지?

→

8 They don't lie, <u>don't they</u>? 그들은 거짓말하지 않아, 그렇지?

→

Words

pilot 비행기 조종사 | **fish** 물고기, 생선 | **kind** 친절한 | **junk food** 정크 푸드(몸에 안 좋은 음식)
lie 거짓말하다

Unit 3 의문사 의문문

Michael 선생님이다!
Good morning, Mr. Michael!

Good morning! How are you?

I'm fine. How about you?

I'm good. See you next class, Young Yi!

See you!

조금 전에 Michael 선생님을 만나서 인사했는데 궁금한 게 생겼어. 항상 How are you?라고 인사하는데 왜 be동사의 의문문 앞에 How라는 말이 붙는 걸까?

으음… 그건 나도 잘 모르겠어.

궁적

Good morning, everyone! 그건 선생님이 알려 줄게! How 같은 말을 '의문사'라고 하는데, 대표적으로 who(누구), when(언제), where(어디에), what(무엇), how(어떻게), why(왜)가 있어. How는 '어떻게'라는 뜻이니까 안부를 물을 때 How are you?라고 물어보는 거지.

그럼 '너의 생일이 언제니?'라고 묻는다면 When is your birthday? 겠네요.

어머! 내 생일 오늘이야! 당연히 내 생일 선물쯤은 준비했겠지?

으아~ 괜히 물어봤다.

후훗

Key Point '그 사람은 누구니?', '너는 언제 아침을 먹니?' 등 구체적으로 궁금한 게 있을 때는 의문사 who, when, where, what, how, why를 사용해 물어볼 수 있어.

의문사를 사용해 무엇이든 물어보세요

① **be동사의 의문문** 맨 앞에 의문사를 넣어 궁금한 것을 자세하게 물을 수 있어요.

 의문사 ✚ be동사 ✚ 주어 ~?

Who is the man?
그 남자는 누구니?

Where is the bank?
그 은행은 어디에 있니?

How is your father?  안부를 묻는 표현이에요.
너의 아버지는 어떠시니?

When is your birthday?
너의 생일은 언제니?

What is your name?
너의 이름은 무엇이니?

Why is she busy?
그녀는 왜 바쁘니?

---

② **일반동사의 의문문** 맨 앞에 의문사를 넣어 궁금한 것을 자세하게 물을 수 있어요.

의문사 ✚ do / does ✚ 주어 ✚ 동사원형 ~?

Who do you like?
너는 누구를 좋아하니?

Where does she live?
그녀는 어디에 사니?

How do you go to school?
너는 어떻게 학교에 가니?

When do you eat breakfast?
너는 언제 아침을 먹니?

What does he like?
그는 무엇을 좋아하니?

Why do you want the book?
너는 왜 그 책을 원하니?

Practice

Step 1

다음 괄호 안에서 알맞은 것을 고르세요.

1 (When is / Is when) his birthday?

2 (What do / Do what) you want?

3 (Where are / Are where) you from?

4 Who (is the girl / the girl is)?

5 Why (are you / you are) tired?

6 (How do / Do how) you go to school?

7 What (is it / it is)?

8 When (does she / she does) sleep?

Words

birthday 생일 | **want** 원하다 | **from** ～에서(부터) | **tired** 피곤한 | **sleep** 자다

86

Step 2

다음 대화의 빈칸에 들어갈 알맞은 의문사를 보기에서 골라 쓰세요.

보기   Where   When   Who

1
A: ____When____ do you have lunch? 너는 언제 점심을 먹니?

B: I have lunch at noon. 나는 정오에 점심을 먹어.

2
A: _____ is she from? 그녀는 어디에서 왔니?

B: She is from Canada. 그녀는 캐나다에서 왔어.

3
A: _____ is the boy? 그 소년은 누구니?

B: He is my brother. 그는 내 오빠야.

4
A: _____ is my pen? 내 펜은 어디에 있니?

B: It is on the desk. 그것은 책상 위에 있어.

5
A: _____ are they? 그들은 누구니?

B: They are my cousins. 그들은 내 사촌들이야.

6
A: _____ does the store open? 그 가게는 언제 문을 여니?

B: It opens at 10 o'clock. 10시에 문 열어.

Words

have lunch 점심을 먹다 | **noon** 정오(오후 12시) | **cousin** 사촌 | **store** 가게
open (문 또는 가게 등을) 열다 | **o'clock** 정각 ~시

Practice

다음 대화의 빈칸에 들어갈 알맞은 의문사를 보기에서 골라 쓰세요.

보기   What   Why   How

because는
'~ 때문에'라는
뜻의 접속사라고
배웠던 거 기억하지?

1
A: _____Why_____ is he tired? 그는 왜 피곤하니?

B: Because he studied hard. 그가 열심히 공부했기 때문이야.

2
A: _____ is her name? 그녀의 이름은 무엇이니?

B: Her name is Jane. 그녀의 이름은 Jane이야.

3
A: _____ is the weather today? 오늘 날씨는 어떠니?

B: It is sunny. 화창해.

4
A: _____ does he like? 그는 무엇을 좋아하니?

B: He likes hamburgers. 그는 햄버거를 좋아해.

5
A: _____ do you like Tony? 너는 왜 Tony를 좋아하니?

B: Because he is nice and kind. 그가 착하고 친절하기 때문이야.

6
A: _____ is it? 그것은 무엇이니?

B: It is my baseball. 그것은 내 야구공이야.

Words
study 공부하다 | name 이름 | weather 날씨 | hamburger 햄버거 | baseball 야구공

Step 4

다음 우리말과 일치하도록 주어진 단어를 바르게 배열하세요.

1

is	his job	What

그의 직업은 무엇이니?

→ What is his job?

2

do	you	Where	live

너는 어디에 사니?

→

3

is	her birthday	When

그녀의 생일은 언제니?

→

4

Why	like	do	you	her

너는 왜 그녀를 좋아하니?

→

5

sad	is	he	Why

그는 왜 슬프니?

→

6

Where	your cat	is

너의 고양이는 어디에 있니?

→

7

How	your parents	are

너의 부모님은 어떠시니?

→

8

is	the man	Who

그 남자는 누구니?

→

Words

job 직업 | **live** 살다 | **birthday** 생일 | **sad** 슬픈 | **parents** 부모 | **man** (성인)남자

명령문, 제안문, 감탄문

영이야, 넌 무슨 책 골랐어? 와, 엄청 많이 골랐잖아!

오랜만에 도서관 오니까 신난다! 이번 방학 때는 보고 싶은 책 실컷 읽어야지!

Be quiet, please.

Shhh

Oops!

We are sorry.

어떡해. 우리 목소리가 너무 컸나 봐.

그러게. 방금 아저씨가 주어 없이 동사 모양 그대로 시작하는 명령문으로 조용히 해달라고 말씀하셨어.

그리고 please를 써서 정중한 표현을 사용하셨지.

이렇게 된 거 우리 맞은편 핫바 맛집 갈까?

아싸!

역시~. 도서관에 온 목적이 따로 있었구나.

오이구

룰루랄라

지금까지 평서문, 의문문, 부정문을 배웠지? 영어에는 이 밖에도 명령문, 제안문, 감탄문과 같은 다양한 문장들이 있어. **명령문**은 상대에게 명령하는 문장, **제안문**은 상대에게 '~하자'고 제안하는 문장, 그리고 **감탄문**은 기쁨, 슬픔, 놀라움 등의 감정을 표현하는 문장이야.

~해라. ~하지 마. ~하자.

① '~해라'라고 명령하는 **명령문**은 주어(**You**) 없이 동사 원래의 모양(동사원형)으로 말해요.

Be quiet.
조용히 해라.

Sit down.
앉아라.

② '~하지 마라'라고 명령할 때는 **Don't**를 동사원형 앞에 붙이면 돼요.

Don't touch it.
그것을 만지지 마라.

Don't be sad.
슬퍼하지 마라.

③ '~하자'고 제안하는 **제안문**은 **Let's**를 동사원형 앞에 붙이면 돼요.

Let's go.
가자.

Let's have lunch.
점심을 먹자.

④ '정말 ~하구나!'라는 의미를 나타내는 **감탄문**은 **What + a/an** 뒤에 형용사와 명사를 쓰거나,
How 뒤에 형용사나 부사를 쓰면 돼요.

| What | + | a / an | + | 형용사 | + | 명사 | + | (주어 + 동사)! |

What a nice day it is!
정말 좋은 날이구나!

What an honest boy (he is)!
(그는) 정말 정직한 소년이구나!

| How | + | 형용사 / 부사 | + | (주어 + 동사)! |

감탄문에서 주어와 동사는
생략하기도 해.

How beautiful she is!
그녀는 정말 아름답구나!

How heavy (it is)!
(그것은) 정말 무겁구나!

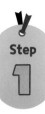

Practice

다음 괄호 안에서 알맞은 것을 고르세요.

1 (Opens / (Open)) the window.

2 (Cleaning / Clean) your room.

3 (Sitting / Sit) down here.

4 (Be / Are) careful.

5 (Being / Be) polite.

6 Don't (move / moving)!

7 Don't (close / closing) the door.

8 Don't (drive / drives) too fast.

Words

open (문 또는 가게 등을) 열다 | **window** 창문 | **sit down** 앉다 | **careful** 조심하는, 주의 깊은
polite 예의 바른 | **move** 움직이다 | **close** 닫다 | **drive** 운전하다 | **fast** 빠르게

다음 괄호 안에서 알맞은 것을 고르세요.

1 Let's (go / goes) to the zoo.

<Let's ~>는 '~하자'고 제안하는 제안문!

2 Let's (sing / sings) together.

3 Let's (buy / buying) some flowers.

4 Let's (start / starting) the work.

5 Let's (be / are) quiet.

6 Let's (stay / stays) here.

7 Let's (clean / cleaning) the park.

8 Let's (play / playing) soccer.

Words

zoo 동물원 | **buy** 사다 | **flower** 꽃 | **start** 시작하다 | **quiet** 조용한 | **here** 여기(에) | **park** 공원
play soccer 축구를 하다

Practice

Step 3

다음 주어진 단어를 이용하여 문장을 완성하세요.

이것 좀 봐! What 감탄문 끝에 명사가 오네!

1 What a ___great___ ___book___ ! | book | great |
정말 훌륭한 책이구나!

2 What a _____ _____ it is! | cat | cute |
그것은 정말 귀여운 고양이구나!

3 What a _____ _____ ! | kind | boy |
정말 친절한 소년이구나!

4 What a _____ _____ she is! | smart | student |
그녀는 정말 똑똑한 학생이구나!

5 _____ _____ ! | pretty | How |
정말 예쁘구나!

6 _____ _____ the car is! | expensive | How |
그 차는 정말 비싸구나!

7 _____ _____ ! | lovely | How |
정말 사랑스럽구나!

8 _____ _____ the cake is! | How | delicious |
그 케이크는 정말 맛있구나!

Words

great 훌륭한 | cute 귀여운 | smart 똑똑한 | expensive 값비싼 | lovely 사랑스러운
cake 케이크 | delicious 아주 맛있는

Step 4

다음 밑줄 친 부분을 바르게 고쳐 문장을 다시 쓰세요.

1 Don't <u>walks</u> on the grass. 잔디 위를 걷지 마라.

→ Don't walk on the grass.

2 <u>Getting</u> on the car. 차에 타라.

→

3 <u>Let</u> play soccer together. 함께 축구를 하자.

→

4 Don't <u>pressing</u> the button. 버튼을 누르지 마라.

→

5 What a <u>day cold</u> it is! 정말 추운 날이구나!

→

6 Let's <u>going</u> out. 밖으로 나가자.

→

7 <u>Funny how</u> the movie is! 그 영화는 정말 재미있구나!

→

8 <u>Stops</u> at the red light. 빨간불에 멈춰라.

→

Words

on the grass 잔디 위에 | **get on** (탈 것)에 타다 | **press** 누르다 | **cold** 추운 | **go out** 나가다, 외출하다
funny 웃기는; 재미있는 | **stop at** ~에서 멈추다 | **red light** (신호등의) 빨간불

Chapter 3 Unit 4 명령문, 제안문, 감탄문 **95**

[1-3] 다음 중 대화의 빈칸에 들어갈 알맞은 것을 고르세요.

1

A: _____ do you have dinner?

B: I have dinner at 6 o'clock.

① What   ② Where   ③ When

④ How   ⑤ Why

2

A: _____ is her name?

B: Her name is Jane.

① What   ② When   ③ Who

④ Where   ⑤ How

3

A: _____ do you like Tony?

B: Because he is nice and kind.

① Who   ② How   ③ Where

④ When   ⑤ Why

4 다음 중 빈칸에 들어갈 말이 바르게 짝지어진 것을 고르세요.

• He teaches English, _____ he?

• You are not busy, _____ you?

① does – are   ② does – aren't   ③ doesn't – aren't

④ doesn't – are   ⑤ don't – are

[5-6] 다음 중 밑줄 친 부분이 <u>잘못된</u> 것을 고르세요.

5 ① <u>Don't touch</u> it.　② <u>Read</u> the book.

③ <u>Do</u> the dishes.　④ <u>Stops</u> at the red light.

⑤ <u>Don't be</u> sad.

6 ① You <u>are not sleeping</u>.

② I <u>am not playing</u> computer games.

③ David <u>doesn't walking</u> in the park.

④ They <u>are not watching</u> TV now.

⑤ The children <u>are not swimming</u>.

[7-8] 다음 중 질문에 대한 대답으로 알맞은 것을 고르세요.

7

A: Is Ben staying at your home?

B: _____

① Yes, he do.　② Yes, he does.　③ Yes, he is.

④ No, he doesn't.　⑤ No, he is.

8

A: Are they cleaning the park?

B: _____

① Yes, they do.　② Yes, they are.　③ Yes, they aren't.

④ No, they don't.　⑤ No, they are.

9 다음 보기의 단어를 이용하여 대화를 완성하세요.

> aren't you   don't you   Let's   what

A: Andy, ❶ _____ time is it?

B: It's 12 o'clock. You are hungry, ❷ _____?

A: Yes, I am. You like spaghetti, ❸ _____?

B: Yes, I like it. ❹ _____ go to the Italian restaurant.

A: Okay!

10 다음 그림을 보고 주어진 단어를 이용하여 감탄문을 완성하세요.

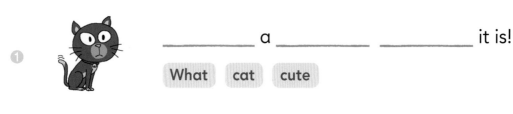

❶ _____ a _____ _____ it is!

> What   cat   cute

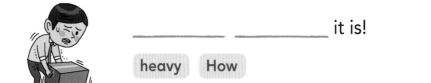

❷ _____ _____ it is!

> heavy   How

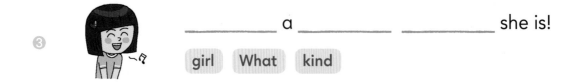

❸ _____ a _____ _____ she is!

> girl   What   kind

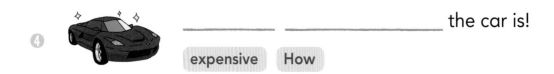

❹ _____ _____ the car is!

> expensive   How

11 다음 그림을 보고 대화의 빈칸에 알맞은 의문사를 쓰세요.

①

A: _____ is Children's Day?

B: It is May 5th.

②

A: _____ is my pen?

B: It is on the desk.

③

A: _____ is the weather today?

B: It is sunny.

④

A: _____ are they?

B: They are my cousins.

12 다음 우리말과 일치하도록 주어진 단어를 알맞게 배열하세요.

① 배드민턴을 치자. badminton   play   Let's

➡ _____ .

② 슬퍼하지 마라. be   Don't   sad

➡ _____ .

③ 너무 빠르게 운전하지 마라. drive   too fast   Don't

➡ _____ .

④ 일을 시작하자. the work   Let's   start

➡ _____ .

umbrella

cookie

Chapter

4

조동사

오늘따라 버스가 늦네.

영화 시간까지 아직 시간 있으니까 느긋하게 기다리자.

문법아, 저기 좀 봐. 동사 speak 앞에 can이란 말이 붙어 있어.

You can speak English!

아! 너가 아직 can에 대해 모르는구나.

can은 '~할 수 있다'는 뜻을 가진 말이야. 그래서 You speak English.는 '너는 영어를 말한다.'이지만, You can speak English.라고 하면 '너는 영어를 말할 수 있다.'가 되는 거지.

그렇구나. can은 정말 많이 보는 단어인데 그런 뜻이었네. 아, 맞아! 미래를 나타내는 will도 지난 시간에 배웠었어.

싱긋

버스 왔다! 야호! We will go to the movies!

야호!

Key Point
조동사는 다른 동사를 도와서 그 의미를 확장해 주는 역할을 해. can은 '~할 수 있다'는 뜻으로, will은 '~할 것이다'는 뜻으로 확장해 주거든. 이제부터 다양한 조동사들을 배워보자!

동사를 도와주는 내 이름은 '조동사'

① **조동사** 뒤에 오는 동사는 동사 원래의 모양(동사원형)을 그대로 써요.

We will be 10 years old tomorrow.
우리는 내일 10살이 될 것이다.

He can speak Chinese. ~~speaks~~
그는 중국어를 말할 수 있다.

② **조동사**는 주어의 인칭과 수에 따라 모양이 변하지 않아요.

I will play the piano.
나는 피아노를 연주할 것이다.

She can swim well. ~~cans~~
그녀는 수영을 잘 할 수 있다.

③ **조동사의 부정문**은 조동사 뒤에 **not**을 붙여 사용해요.

I will not be late for school tomorrow.
나는 내일 학교에 지각하지 않을 것이다.

She cannot carry the box.
그녀는 그 상자를 나를 수 없다.

☆ will not은 won't로 줄여 쓸 수 있어요. cannot은 띄어서 can not으로 쓰거나 줄여서 can't로도 쓸 수 있어요.

④ **조동사의 의문문**은 주어와 조동사의 자리를 바꾸고 물음표를 써요.

Will you play baseball after school? 너는 방과 후에 야구를 할 거니?

Can you speak English? 너는 영어를 말할 수 있니?

 # Practice

Step 1

다음 괄호 안에서 알맞은 것을 고르세요.

1 He can (carry / carries) the box.

2 She can (play / plays) the cello.

3 Sally will (go / goes) to Hawaii next week.

4 It will (rain / rains) tonight.

5 He (cans / can) answer the question.

6 Mike (wills / will) visit us.

7 The movie (wills / will) start soon.

8 The dog (cans / can) swim well.

Words

carry 들다, 나르다 | **play the cello** 첼로를 연주하다 | **rain** 비가 내리다 | **tonight** 오늘 밤
answer 답하다 | **question** 질문 | **visit** 방문하다 | **soon** 곧

다음 우리말과 일치하도록 밑줄 친 부분을 바르게 고쳐 쓰세요.

1 They <u>wills not</u> come here.
그들은 여기에 오지 않을 것이다.

will not

2 It <u>not will</u> be windy.
바람이 불지 않을 것이다.

3 You <u>speak can</u> English.
너는 영어를 말할 수 있다.

4 I <u>play will</u> baseball after school.
나는 방과 후에 야구를 할 것이다.

5 My father <u>will is</u> busy.
나의 아버지는 바쁘실 것이다.

6 Ben <u>will buys</u> a new bike.
Ben은 새 자전거를 살 것이다.

7 They <u>dance cannot</u> well.
그들은 춤을 잘 추지 못한다.

8 He <u>will fix not</u> his car.
그는 그의 차를 고치지 않을 것이다.

Words

windy 바람이 많이 부는 | **speak** 말하다 | **after school** 방과 후에 | **busy** 바쁜 | **new** 새로운
fix 고치다

Practice

다음 주어진 단어를 이용하여 문장을 완성하세요.

1 _____Can_____ _____you_____ come to my party? you Can

2 _____ _____ watch TV? you Will

3 He _____ _____ _____ you. will visit not

4 She _____ _____ to school. go will

5 You _____ _____ well. swim can

6 _____ _____ drive a car? she Can

7 He _____ _____ a bike. can't ride

8 Alex _____ _____ _____ to the library. will go not

Words

come ~에 오다 | watch TV TV를 보다 | go to ~로 가다 | well 잘 | drive a car 차를 운전하다
ride (이동 수단)을 타다 | library 도서관

Step 4

다음 문장을 부정문 또는 의문문으로 바꿔 쓰세요.

1
Andy can play the guitar. Andy는 기타를 연주할 수 있다.
→ 부정문   Andy can't play the guitar.

2
She can help you. 그녀는 너를 도울 수 있다.
→ 의문문

3
You will be 12 years old next year. 너는 내년에 12살이 될 것이다.
→ 부정문

4
I can ride a bike. 나는 자전거를 탈 수 있다.
→ 의문문

5
Emily can run fast. Emily는 빠르게 달릴 수 있다.
→ 부정문

6
She will visit her grandparents. 그녀는 그녀의 조부모님을 방문할 것이다.
→ 의문문

7
I will be late again. 나는 다시 늦을 것이다.
→ 부정문

8
Ted will go to the bookstore. Ted는 서점에 갈 것이다.
→ 의문문

Words

play the guitar 기타를 연주하다 | **help** 돕다 | **next year** 다음 해, 내년 | **fast** 빠르게
grandparents 조부모 | **again** 한 번 더, 다시 | **bookstore** 서점

Unit 2 조동사 can, may

으아, 화장실이 너무 급해. 아까 축구하고 물을 너무 많이 마셨나 봐.

아이 참. 빨리 Michael 선생님께 말씀드리고 다녀와.

욱!

그런데 이럴 땐 뭐라고 말해야 하지?

May I go to the restroom? 이렇게 말하면 돼!

히익

May? 설마 5월은 아니겠지.

안절 안절

넌 이 와중에도 그런 농담이 나오니? may는 '~해도 된다'는 허락을 나타내. 그러니까 화장실에 가도 되는지 허락을 구하는 문장이야.

으아아앗! 너무 급하다! 급해!

Mr. Michael! May I go to the restroom??!!

Key Point

조동사는 동사의 의미를 더욱 풍성하게 만들어 준다고 했지? can은 능력을 나타내고, may는 허락의 의미를 가지고 있어.

능력을 보여주는 can과 허락하는 may

① 조동사 **can**은 '～할 수 있다'는 **능력**을 나타내요.

 **I can play the guitar.**
나는 기타를 연주할 수 있다.

 **My dog can swim.**
내 개는 수영할 수 있다.

 → can't로 줄여 쓰기도 해요.
He cannot speak Chinese.
그는 중국어를 말할 수 없다.

 **Can he run fast?**
그는 빨리 달릴 수 있니?

② 조동사 **may**는 '～해도 된다'는 **허락**을 나타내요.

 **You may ride my bike.**
너는 내 자전거를 타도 된다.

 **You may go out.**
너는 밖에 나가도 된다.

 **You may not run here.**
너는 여기서 뛰어서는 안 된다.

 **May I have some salad?**
샐러드를 먹어도 될까요?

 부정문을 만들 때는 조동사 바로 뒤에 not을 쓰면 돼.

 조동사가 있는 의문문은 조동사가 맨 앞에 오고 그 다음에 주어가 와!

 **Practice**

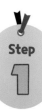 Step 1

다음 괄호 안에서 알맞은 것을 고르세요.

조동사는 주어에 따라 모양이 달라지지 않아! 조동사 뒤에는 동사원형을 썼지?

1 I (<u>can speak</u> / speak can) English.

2 You (can make / make can) sandwiches.

3 She (cannot rides / cannot ride) a bike.

4 She (can play / cans play) the cello.

5 He (can know not / cannot know) the answer.

6 The monkey (can climb / can climbs) a tree.

7 (Can she make / She can make) pasta?

8 The elephant (can swim / can swims) in the water.

Words

speak 말하다 | **make** 만들다 | **sandwich** 샌드위치 | **know** 알다 | **answer** 대답; 답
monkey 원숭이 | **climb** 오르다 | **pasta** 파스타 | **elephant** 코끼리

110

Step **2** 다음 괄호 안에서 알맞은 것을 고르세요.

1 You (may watch / watch may) TV.

2 She (may visit / may visits) us.

3 He (may use / use may) my computer.

4 She (may not goes / may not go) out.

5 He (may not drive / may drive not) my car.

6 You (may not run / may run not) here.

7 (May eat I / May I eat) the cake?

8 (May ride I / May I ride) your bike?

use 사용하다 | **go out** 나가다, 외출하다 | **drive** 운전하다 | **run** 달리다 | **here** 여기(에) | **eat** 먹다

다음 주어진 단어를 이용하여 문장을 완성하세요.

1 I _____can_____ _____ride_____ a horse. ride can

2 You _____ _____ English. can speak

3 You _____ _____ the food. may eat

4 My dog _____ _____ a tree. can climb

5 _____ _____ go out now? I May

6 She _____ _____ chopsticks. use can

7 We _____ _____ you. can help

8 John _____ _____ the problem. solve can

Words

ride a horse 말을 타다 | **speak** 말하다 | **eat** 먹다 | **climb** 오르다 | **chopsticks** 젓가락
problem 문제 | **solve** 해결하다, 풀다

다음 밑줄 친 부분을 바르게 고쳐 문장을 다시 쓰세요.

1 My dad <u>can fixes</u> my bike. 나의 아빠는 나의 자전거를 고치실 수 있다.
➡ My dad can fix my bike.

2 May <u>watch I</u> TV? TV를 봐도 될까요?
➡

3 I <u>make can</u> cookies. 나는 쿠키를 만들 수 있다.
➡

4 You <u>use may</u> my phone. 너는 나의 휴대폰을 사용해도 된다.
➡

5 Sarah <u>plays can</u> the guitar. Sarah는 기타를 연주할 수 있다.
➡

6 She <u>can speak not</u> Korean. 그녀는 한국어를 말할 수 없다.
➡

7 You <u>may come not</u> in. 너는 안으로 들어올 수 없다.
➡

8 They <u>can swim not</u> well. 그들은 수영을 잘 못한다.
➡

Words

fix 고치다 | **watch** 보다 | **cookie** 쿠키, 과자 | **phone** 전화기, 휴대폰 | **come in** (안으로) 들어오다
swim 수영하다

Unit 3. 조동사 must, have to, should

문법아, 인사해.
미국에서 놀러 온 내 사촌동생 Kelly야.
Kelly는 미국에서 태어나서
한국말을 잘 못해.

그래? Hi. Nice to meet you!
My name is Moon-bup.
(안녕. 만나서 반가워! 내 이름은 문법이야.)

Hello!

Good to see you.
I'm Kelly.
(반가워. 나는 캘리야.)

우리 공원 산책 가던
중인데 같이 갈래?

좋아.
같이 가자!

와~

어머, 누가 여기에
쓰레기를 버렸어!

We should pick up trash.
(우리는 쓰레기를 주워야 해.)

방금 뭐라고 말한 거야?
Trash가 쓰레기인 건
알겠는데….

쓰레기를 주워야 한다고 말한 거야.
should는 '~해야 한다'는
뜻을 나타내거든.
그리고 pick up은 '줍다'라는 뜻이니까
우리 어서 쓰레기를 줍자.

아휴, 다같이 쓰는
공공장소에
쓰레기를 버리다니!

Key Point '~해야 한다'는 뜻의 의무를 나타내는 조동사는 must와 should가 있어. must는 아주 강한 의무를 나타낼 때, should는 조언이나 충고를 할 때 사용한다고 생각하면 어렵지 않아.

의무를 나타내는 must와 should

① **조동사 must는 '~해야 한다'는 강한 의무나 필요를 나타내요. must는 have to라는 표현과 바꿔 쓸 수 있어요.**

You **must** do your homework. = You **have to** do your homework.

너는 숙제를 해야 한다.

She **must** clean her room. = She **has to** clean her room.

그녀는 그녀의 방을 청소해야 한다.

주어가 3인칭 단수일 때는 has to를 써야 해.

You **must not** go out now. 너는 지금 외출해서는 안 된다.

→ 강한 금지를 나타내요.

---

② **조동사 should는 '~해야 한다'는 조언이나 충고를 나타내요.**

We **should** pick up trash. You **should** be careful.

우리는 쓰레기를 주워야 한다. 너는 조심해야 한다.

We **should** not waste water.

우리는 물을 낭비해서는 안 된다.

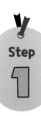

다음 괄호 안에서 알맞은 것을 고르세요.

1 I (must finish / finish must) the work today.

2 You (has to / have to) go to bed early.

3 He (must do / must does) his homework.

4 She (have to / has to) take a rest.

5 We (should love / love should) nature.

6 Your sister (should read / should reads) the book.

7 We (must not / not must) cross the road now.

8 You (not should / should not) waste water.

Words

finish 끝내다 | work 일, 업무 | early 일찍 | take a rest 쉬다, 휴식 시간을 가지다 | nature 자연
cross (가로질러) 건너다 | road 길, 도로 | waste 낭비하다

다음 우리말과 일치하도록 괄호 안에서 알맞은 것을 고르세요.

1 We ((should) / should not) love animals.
우리는 동물을 사랑해야 한다.

2 You (must not / must) be quiet in the library.
너는 도서관에서 조용히 해야 한다.

3 You (have to / has to) see a doctor.
너는 의사에게 진찰을 받아야 한다.

4 We (should not / should) read many books.
우리는 많은 책을 읽어야 한다.

5 Brian (has to / have to) clean his room.
Brian은 그의 방을 청소해야 한다.

6 You (should / should not) eat junk food.
너는 정크 푸드를 먹어서는 안 된다.

7 We (must / must not) swim here.
우리는 여기에서 수영해서는 안 된다.

8 You (must / must not) go out late at night.
너는 밤늦게 외출해서는 안 된다.

Words

quiet 조용한 | **in the library** 도서관에서 | **see a doctor** 의사에게 진찰을 받다 | **clean** 청소하다

junk food 정크 푸드(몸에 안 좋은 음식) | **go out** 나가다, 외출하다 | **late at night** 밤늦게

Step 3

다음 주어진 단어를 이용하여 문장을 완성하세요.

1. You ___should___ ___take___ an umbrella. should take

2. You _____ _____ carefully. drive must

3. She _____ _____ _____ coffee. drink not should

4. You _____ _____ to the park. go should

5. Jenny _____ _____ dinner today. cook has to

6. We _____ _____ _____ trash. must throw not

7. My mom _____ _____ her car. has to fix

8. They _____ _____ tomorrow. leave have to

Words

take 가지고 가다 | umbrella 우산 | carefully 조심스럽게 | coffee 커피 | dinner 저녁 식사
throw trash 쓰레기를 버리다 | fix 고치다 | leave 떠나다

118

Step 4 다음 우리말과 일치하도록 주어진 단어를 바르게 배열하세요.

1 | must | see | a doctor | You | 너는 의사에게 진찰을 받아야 한다.

➡ You must see a doctor.

2 | do | must | He | his homework | 그는 그의 숙제를 해야 한다.

➡

3 | She | study | has to | for the test | 그녀는 시험을 위해 공부해야 한다.

➡

4 | has to | Matt | do the dishes | Matt은 설거지를 해야 한다.

➡

5 | have to | I | do | my best | 나는 최선을 다해야 한다.

➡

6 | has to | his puppy | feed | He | 그는 그의 강아지에게 먹이를 줘야 한다.

➡

7 | get up | should | We | early | 우리는 아침 일찍 일어나야 한다.

➡

8 | should | You | not | be | lazy | 너는 게을러서는 안 된다.

➡

Words

see a doctor 의사에게 진찰을 받다 | **test** 시험 | **do the dishes** 설거지를 하다
do one's best 최선을 다하다 | **feed** 먹이를 주다 | **get up** (앉거나 누워 있다가) 일어나다

영어에도 우리말의 존댓말처럼 공손한 표현이 있다는 거 알고 있었어?

당연하지! 내가 괜히 영어 동아리 회장이겠어?

으쓱

Will you help me? 대신에 Would you help me?를 쓰면 '저 좀 도와주시겠어요?'라고 공손하게 부탁하는 표현이 되지.

그렇구나! 이제야 문법이 너가 좀 회장처럼 보이네.

저기, 나 부탁 하나 해도 돼? 어제 게임하느라 늦게 자서 숙제를 하나도 못 했거든. Will you do my homework?

으음~ 네가 공손하게 부탁하면 한번 생각해 볼게.

으흐...

헉...

착한 영이야, Would you do my homework, please?

하하하! Okay!

굽신

Key Point

상대에게 부탁이나 요청할 때 can이나 will을 사용하기도 하지만, could와 would를 사용하면 정중하고 공손한 표현이 돼. 친구나 가까운 사이에서는 can이나 will을 사용하고, 어른들에게는 could나 would를 사용하는 것이 좋아. 그럼, 예의 있는 표현을 한번 알아볼까?

예의를 갖춰 공손하게 부탁해보자

① 조동사 could와 would는 '~해 주시겠어요?'라는 뜻으로 **예의 있게 부탁이나 요청**할 때 사용해요.

Could you help me?

저를 도와주시겠어요?

Would you listen to me, please?

제 말을 좀 들어주시겠어요?

please는 정중하고 공손하게
부탁할 때 덧붙여서 하는 말이에요.

---

② 조동사 could와 may는 '제가 ~해도 될까요?'라는 뜻으로 **예의 있게 허락을 구할** 때 사용해요.

Could I have some cookies?

제가 쿠키를 먹어도 될까요? (쿠키 좀 주시겠어요?)

May I help you?

제가 도와드릴까요?

☆ can이나 will을 사용해서 부탁할 수도 있지만 could, would, may를 사용하면 훨씬 공손한 표현이 돼요.
선생님이나 어른들에게 부탁할 때는 could, would 또는 may를 사용하는 것이 좋겠지요?

**Will you come
to my office, Tom?**

내 교무실로 와 주겠니, Tom?

**Yes, I will!
But I have to do this first.
Would you wait for me just a minute?**

네, 그럴게요! 그런데 이걸 먼저 해야 해서요.
잠시만 기다려 주시겠어요?

Practice

다음 괄호 안에서 알맞은 것을 고르세요.

1 (Would you / You would) come to my party?

2 (Could you / You could) wait for me?

공손하게 부탁을 하거나 허락을 구할 때는 could와 would를 사용하면 돼.

3 (I could / Could I) use your pen?

4 (May I / I may) come in?

5 Would (fix you / you fix) my bike, please?

6 May (I play / play I) the piano, please?

7 Could (read I / I read) the book?

8 Could (dance you / you dance) with me?

Words

come ~에 오다 | wait for ~를 기다리다 | come in (안으로) 들어오다 | fix 고치다
play the piano 피아노를 연주하다 | with ~와 함께

다음 대화의 빈칸에 들어갈 알맞은 말을 보기에서 골라 쓰세요.

상대가 예의 있는 부탁이나 허락을 구할 때, 상황에 따라 답변은 다양하게 할 수 있어. 아래 대화들을 잘 살펴보면서 다양한 표현들을 익혀보자!

보기   Would you   Could I

1

A: ___Could I___ pet your dog?
제가 당신의 개를 만져도 될까요?

B: Sure.
물론이에요.

2

A: _____ marry me, please?
저와 결혼해 주시겠어요?

B: Yes, I will!
네, 그럴게요!

3

A: _____ use your crayons?
제가 당신의 크레용을 써도 될까요?

B: Sure. Here you are.
물론이에요. 여기 있어요.

4

A: _____ speak to John, please?
John과 통화할 수 있을까요?

B: Hold on, please.
잠시만 기다리세요.

Words

pet (동물을) 어루만지다 | **marry** 결혼하다 | **crayon** 크레용, 크레파스 | **speak to** ~와 대화하다(통화하다)
hold on 전화상으로 상대에게 기다리라고 하는 말

Step 3 다음 주어진 단어를 이용하여 문장을 완성하세요.

1 __Would__ __you__ close the door? Would you

2 _____ _____ help me? you Could

3 _____ _____ come here? you Would

4 _____ _____ close the window? Could you

5 _____ _____ sing the song? you Could

6 _____ _____ play the violin? you Would

7 _____ _____ call the police? Could you

8 _____ _____ be quiet, please? you Would

Words

close the door 문을 닫다 | help 돕다 | here 여기(에) | window 창문 | sing 노래하다
call the police 경찰을 부르다 | be quiet 조용히 하다

Step 4 다음 우리말과 일치하도록 주어진 단어를 바르게 배열하세요.

1

May	help	I	you

제가 도와드릴까요?

→ May I help you?

2

Could	watch	I	TV

제가 TV를 봐도 될까요?

→

3

I	go out	May

제가 밖에 나가도 될까요?

→

4

I	May	pet	your cat

제가 당신의 고양이를 만져도 될까요?

→

5

I	Could	buy	a new hat

제가 새 모자를 사도 될까요?

→

6

May	play	I	the guitar

제가 기타를 연주해도 될까요?

→

7

I	May	use	your phone

제가 당신의 전화를 사용해도 될까요?

→

8

I	Could	come in

제가 안으로 들어가도 될까요?

→

Words

go out 나가다, 외출하다 | **pet** (동물을) 어루만지다 | **new** 새로운 | **play the guitar** 기타를 연주하다
come in (안으로) 들어오다

Chapter 4 Test

[1-3] 다음 중 빈칸에 들어갈 알맞은 것을 고르세요.

1

She _____ the violin.

① can plays
② cans play
③ can't plays
④ can play
⑤ can played

2

He _____ late for school tomorrow.

① wills be
② will is
③ will not be
④ will not is
⑤ wills not be

3

May I _____ to the restroom?

① going
② go
③ goes
④ went
⑤ be going

4 다음 중 밑줄 친 부분과 의미가 같은 것을 고르세요.

You <u>must</u> do your homework.

① can
② could
③ would
④ have to
⑤ may

[5-6] 다음 중 빈칸에 들어갈 수 <u>없는</u> 것을 고르세요.

5

> I have to _____.

① clean my room ② cook dinner ③ be quiet

④ finish the work ⑤ being kind

6

> Would you _____?

① help me ② give me the book

③ listens to me ④ come here

⑤ marry me

[7-8] 다음 중 밑줄 친 부분이 <u>잘못된</u> 것을 고르세요.

7 ① You <u>must stay</u> here.

② He <u>have to go</u> to bed early.

③ We <u>should study</u> hard.

④ You <u>must not run</u> here.

⑤ We <u>should not waste</u> our time.

8 ① <u>May I help</u> you?

② <u>Could you help</u> me?

③ <u>Would you listen</u> to me, please?

④ <u>Could I have</u> some cookies?

⑤ <u>Would you came</u> to my party?

9 다음 보기의 단어를 이용하여 문장을 완성하세요.

must	May

❶ _____ I pet your puppy? 제가 당신의 강아지를 만져도 될까요?

❷ I _____ finish the work. 나는 그 일을 끝내야만 한다.

❸ _____ I speak to Jenny? Jenny와 통화해도 될까요?

❹ You _____ return the book today. 너는 오늘 그 책을 돌려줘야 한다.

10 다음 보기의 단어를 이용하여 대화를 완성하세요.

could	have to	can't	has to

❶ A: Can you play soccer with us?

　 B: No, I _____. I'm busy today.

❷ A: Daisy, _____ I use your crayons?

　 B: Sure. Here you are.

❸ A: It's raining. You _____ take an umbrella.

　 B: Okay. I will!

❹ A: Is your sister sick?

　 B: Yes. She _____ see a doctor.

11 다음 밑줄 친 부분을 바르게 고쳐 쓰세요.

① My grandmother <u>can drives</u> a car.

➡ _____

② We <u>must swim not</u> here.

➡ _____

③ You <u>have to cleaning</u> your room.

➡ _____

④ You <u>may going</u> out now.

➡ _____

12 다음 우리말과 일치하도록 주어진 단어를 알맞게 배열하세요.

① 너는 밤에 외출해서는 안 된다.　must　You　not　go out　at night

➡ _____ .

② 우리는 동물들을 사랑해야 한다.　should　animals　We　love

➡ _____ .

③ 너는 내 자전거를 타도 좋다.　my bike　may　You　ride

➡ _____ .

④ 그는 중국어를 말할 수 없다.　Chinese　speak　can't　He

➡ _____ .

memo

memo

memo

초등 영문법

진짜진짜

쓰기
문법

JUMP
2

Workbook

siso
study

초등 영문법

진 짜 진 짜

쓰기
문법

JUMP
2

Workbook

SiSO
study

다음 단어의 주어가 3인칭 단수일 때 동사의 형태를 고르고 빈칸에 쓰세요.

| 1 | wash | washs /(washes) | → | washes |

| 2 | fly | flies / flys | → | |

| 3 | read | reades / reads | → | |

| 4 | play | plays / playes | → | |

| 5 | go | gos / goes | → | |

| 6 | like | likes / likies | → | |

| 7 | stay | staies / stays | → | |

| 8 | catch | catchs / catches | → | |

| 9 | eat | eats / eaties | → | |

| 10 | walk | walks / walkes | → | |

2 다음 괄호 안에서 알맞은 것을 고르세요.

1   He always (does / do) his best.

2   They (eat / eats) breakfast every morning.

3   The baby (cry / cries) every night.

4   Mike (walks / walk) to school.

5   Kevin often (wash / washes) his hands.

6   We (has / have) a beautiful house.

7   Eric (like / likes) comic books.

8   My school (starts / start) at 9.

9   Mary (read / reads) many books.

10 Sam (runs / run) in the evening.

1 다음 동사의 과거형을 쓰세요.

동사	과거형	동사	과거형
want	wanted	do	
study		rain	
stop		play	
come		live	
dance		have	
go		learn	
arrive		cook	
start		plan	
eat		work	
watch		cry	

4

다음 빈칸에 주어진 동사의 과거형을 써서 문장을 완성하세요.

1 Andy ___arrived___ in Seoul last night. arrive

2 It _____ yesterday. rain

3 We _____ computer games. play

4 He _____ all night. cry

5 They _____ shopping last Saturday. go

6 Dad _____ the car. stop

7 I _____ sad yesterday. be

8 She _____ pizza yesterday. eat

9 I _____ in London. live

10 You _____ your best. do

1 다음 괄호 안에서 알맞은 것을 고르세요.

1 You (be / (will be)) 13 years old next year.

2 It (will rain / rain will) this weekend.

3 Thomas (will study / study will) in the library.

4 He (be will / will be) a famous singer.

5 It (is going to / am going to) be windy soon.

6 He (will plays / will play) soccer after school.

7 We (are going to / to are going) play badminton.

8 My brother (will clean / will cleans) his room.

9 I (meet will / will meet) her next Monday.

10 I (are going to / am going to) give a present to Sally.

2 다음 빈칸에 주어진 동사의 미래형을 써서 문장을 완성하세요.

1 We _____will_____ _____have_____ a new puppy. `have`

2 It _____ _____ sunny tomorrow. `be`

3 I _____ _____ my homework after dinner. `do`

4 She _____ _____ a movie. `watch`

5 Jenny _____ _____ him next Monday. `meet`

6 My mom _____ _____ a new car. `buy`

7 They _____ _____ to another city. `move`

8 You _____ _____ a new bike soon. `have`

9 We _____ _____ baseball next week. `play`

10 I _____ _____ his house. `visit`

다음 동사의 현재진행형을 쓰세요.

동사	현재진행형		동사	현재진행형
make	making		sit	
play			watch	
swim			wait	
lie			jog	
read			cut	
dance			die	
run			go	
eat			use	
give			drink	
do			wash	

다음 빈칸에 주어진 동사의 현재진행형을 써서 문장을 완성하세요.

1. She ___is___ ___playing___ badminton. play

2. I _____ _____ to you. run

3. We _____ _____ . dance

4. She _____ _____ with her dog. jog

5. The baby _____ _____ on the bed. lie

6. My dad _____ _____ spaghetti. make

7. Paul _____ _____ a hamburger. eat

8. I _____ _____ for Jake. wait

9. He _____ _____ the laundry. do

10. The boys _____ _____ in the pool. swim

다음 밑줄 친 부분의 시제를 보기에서 골라 쓰세요.

보기	현재	과거	미래	현재진행

1	He <u>cried</u> all night.	과거
2	Eric <u>likes</u> comic books.	
3	We <u>are dancing</u> on the stage.	
4	She <u>will watch</u> a movie.	
5	He always <u>does</u> his best.	
6	You <u>will be</u> 13 years old next year.	
7	Dad <u>stopped</u> the car.	
8	I <u>am waiting</u> for Jake.	

2 다음 괄호 안에서 알맞은 것을 고르세요.

1 You (will have / will has) a new bike soon.

2 She (eat / ate) pizza yesterday.

3 I (is running / am running) to you.

4 Jenny (will meets / will meet) him next Monday.

5 My school (starts / start) at 9.

6 Andy (arrive / arrived) in Seoul last night.

7 She (is jogging / is jog) with her dog.

8 They (eat / eats) breakfast every morning.

9 You (does / did) your best.

10 It (will be / be will) sunny tomorrow.

다음 우리말과 일치하도록 보기의 단어를 알맞은 형태로 고쳐 쓰세요.

| 보기 | live 살다 | meet 만나다 | swim 수영하다 | wash 씻다 |
| | go 가다 | have 가지다, 있다 | make 만들다 | buy 사다 |

1 Kevin often _____washes_____ his hands.
Kevin은 자주 그의 손을 씻는다.

2 My dad _____ spaghetti.
나의 아빠는 스파게티를 만들고 계신다.

3 I _____ her next Monday.
나는 그녀를 다음 주 월요일에 만날 것이다.

4 They _____ shopping last Sunday.
그들은 지난 일요일에 쇼핑하러 갔다.

5 My mom _____ a new car.
나의 엄마는 새 차를 사실 것이다.

6 We _____ a beautiful house.
우리는 아름다운 집을 가지고 있다.

7 I _____ in London.
나는 런던에 살았다.

8 The boys _____ in the pool.
그 소년들은 수영장에서 수영하고 있다.

4 다음 우리말과 일치하도록 밑줄 친 부분을 바르게 고쳐 쓰세요.

1 We <u>play</u> computer games.
우리는 컴퓨터 게임을 했다.

→ played

2 The baby is <u>lie</u> on the bed.
그 아기는 침대 위에 누워 있다.

→

3 Mary <u>read</u> many books.
Mary는 많은 책을 읽는다.

→

4 My brother <u>clean</u> his room.
나의 형은 그의 방을 청소할 것이다.

→

5 It <u>rain</u> this weekend.
이번 주말에 비가 올 것이다.

→

6 I <u>am</u> sad yesterday.
나는 어제 슬펐다.

→

7 Sam <u>run</u> in the evening.
Sam은 저녁에 달린다.

→

8 They are <u>watch</u> TV.
그들은 TV를 보고 있다.

→

9 The baby <u>cry</u> all night.
그 아기는 밤새 울었다.

→

10 We are <u>dance</u>.
우리는 춤을 추고 있다.

→

1 다음 괄호 안에서 알맞은 것을 고르세요.

1 We (are not / not are) hungry.

2 She (not is / is not) in the kitchen.

3 They (are not / is not) my puppies.

4 I (not am / am not) tired.

5 The boxes (not are / are not) heavy.

6 (Am / Are) I pretty?

7 (Am / Is) he your brother?

8 (Are / Is) Harry and Edward twins?

9 (Is / Are) that your new bike?

10 (Am / Are) we busy?

다음 우리말과 일치하도록 보기에서 알맞은 말을 골라 쓰세요.

보기	am	is	are	am not	is not	are not

1 Mike ___is not___ angry. Mike는 화나지 않았다.

2 I _____ a singer. 나는 가수가 아니다.

3 We _____ twins. 우리는 쌍둥이가 아니다.

4 Sally _____ late for school. Sally는 학교에 늦지 않았다.

5
A: _____ she your mother? 그녀는 너의 어머니시니?
B: Yes, she _____.

6
A: _____ you a teacher? 당신은 선생님인가요?
B: Yes, I _____.

7
A: _____ Sarah a nurse? Sarah는 간호사이니?
B: No, she _____.

8
A: _____ he your brother? 그는 너의 오빠니?
B: No, he _____.

1 다음 괄호 안에서 알맞은 것을 고르세요.

1 They (not were / (were not)) at school.

2 It (was not / not was) sunny yesterday.

3 I (not was / was not) in Spain last year.

4 Amy (were not / was not) happy.

5 The kids (were not / not were) tall last year.

6 (Was / Were) it hot yesterday?

7 (Was / Were) you at home?

8 (Was / Were) the movie nice?

9 (Was / Were) they at the party last night?

10 (Was / Were) the shop open last Sunday?

다음 우리말과 일치하도록 보기에서 알맞은 말을 골라 쓰세요.

보기   was   were   wasn't   weren't

1   They _____weren't_____ in the gym. 그들은 체육관에 있지 않았다.

2   My father _____ angry. 나의 아버지는 화나지 않으셨었다.

3   She _____ in the park. 그녀는 공원에 있지 않았다.

4   You _____ sleepy. 너는 졸리지 않았다.

5   It _____ hot yesterday. 어제는 덥지 않았다.

6   I _____ tired. 나는 피곤하지 않았다.

7   A: _____ it a nice trip? 좋은 여행이었니?

    B: No, it _____.

8   A: _____ they late for school? 그들은 학교에 지각했니?

    B: No, they _____.

1 다음 괄호 안에서 알맞은 것을 고르세요.

1 Sarah (do not / ~~does not~~) sing well.

2 I (do not / does not) like carrots.

3 He (do not / does not) eat breakfast.

4 You (do not / does not) play the guitar.

5 Andy (do not / does not) wear glasses.

6 (Do / Does) you like music?

7 (Do / Does) they go to school?

8 (Do / Does) she eat hamburgers?

9 (Do / Does) you speak English?

10 (Do / Does) Kevin know my name?

2 다음 우리말과 일치하도록 보기에서 알맞은 말을 골라 쓰세요.

보기   do   does   don't   doesn't

1   We ___don't___ get up early. 우리는 일찍 일어나지 않는다.

2   The doctor _____ work on Sunday. 그 의사는 일요일에 일하지 않는다.

3   She _____ like soccer. 그녀는 축구를 좋아하지 않는다.

4   I _____ need a new computer. 나는 새 컴퓨터가 필요하지 않다.

5   They _____ read books. 그들은 책을 읽지 않는다.

6   My dad _____ jog every day. 나의 아빠는 매일 조깅하지 않으신다.

7   A: _____ you like fruit? 너는 과일을 좋아하니?
    B: Yes, I _____.

8   A: _____ it snow much in winter? 겨울에 눈이 많이 오니?
    B: No, it _____.

1 다음 괄호 안에서 알맞은 것을 고르세요.

1 He (did not / do not) watch TV last night.

2 I (do not / did not) go the park yesterday.

3 She (did not / do not) play the piano yesterday.

4 Jenny (did not / do not) come to school yesterday.

5 He (do not / did not) read the book.

6 (Do / Did) your sister buy a new hat?

7 (Did / Do) she live in New York?

8 (Do / Did) you jog yesterday?

9 (Do / Did) the boy play basketball?

10 (Did / Do) Mark eat the apple pie?

다음 우리말과 일치하도록 알맞은 단어로 과거형 부정문과 의문문을 완성하세요.

<table>
<tr><td>보기</td><td>live 살다</td><td>enjoy 즐기다</td><td>finish 끝내다</td><td>rain 비가 오다</td></tr>
<tr><td></td><td>sleep 자다</td><td>fix 고치다</td><td>eat 먹다</td><td>go 가다</td></tr>
</table>

1 It ___didn't rain___ last night.
지난밤에 비가 오지 않았다.

2 He _____ the bike.
그는 자전거를 고치지 않았다.

3 You _____ your homework yesterday.
너는 어제 너의 숙제를 다 끝내지 않았다.

4 We _____ to the museum.
우리는 박물관에 가지 않았다.

5 Julie _____ breakfast today.
Julie는 오늘 아침을 먹지 않았다.

6 He _____ in Canada.
그는 캐나다에 살지 않았다.

7 A: _____ you _____ well? 너는 잘 잤니?
B: Yes, I did.

8 A: _____ he _____ the movie? 그는 그 영화를 즐겼니?
B: No, he didn't.

다음 문장을 부정문 또는 의문문으로 바꿔 쓰세요.

1
The boxes are heavy.

→ 부정문 The boxes aren't heavy.

2
That is your new bike.

→ 의문문

3
I am a singer.

→ 부정문

4
Harry and Edward are twins.

→ 의문문

5
We are hungry.

→ 부정문

6
Sally is late for school.

→ 의문문

7
She is in the kitchen.

→ 부정문

8
I am pretty.

→ 의문문

2 다음 문장을 부정문 또는 의문문으로 바꿔 쓰세요.

1 I was in Spain last year.
   → 부정문 I wasn't in Spain last year.

2 It was hot yesterday.
   → 의문문

3 She was in the park.
   → 부정문

4 They were at the party.
   → 의문문

5 My father was angry.
   → 부정문

6 You were tall last year.
   → 의문문

7 It was windy yesterday.
   → 부정문

8 The movie was nice.
   → 의문문

3 다음 문장을 부정문 또는 의문문으로 바꿔 쓰세요.

1 I like carrots.

→ 부정문 I don't like carrots.

2 She jogs every day.

→ 의문문

3 Andy wears glasses.

→ 부정문

4 They go to school.

→ 의문문

5 Sarah sings well.

→ 부정문

6 You like fruit.

→ 의문문

7 You play the guitar.

→ 부정문

8 Kevin knows my name.

→ 의문문

다음 문장을 부정문 또는 의문문으로 바꿔 쓰세요.

1 It rained last night.
→ 부정문 It didn't rain last night.

2 Mark ate the apple pie.
→ 의문문

3 I went to the park yesterday.
→ 부정문

4 He fixed the bike.
→ 의문문

5 Jenny came to school yesterday.
→ 부정문

6 He watched TV last night.
→ 의문문

7 He read the book.
→ 부정문

8 The boy played basketball.
→ 의문문

다음 괄호 안에서 알맞은 것을 고르세요.

1 I (not am / am not) sleeping.

2 They (are not / not are) playing computer games.

3 The baby (not is / is not) crying.

4 David is not (walk / walking) in the park.

5 I am not (writing / write) a letter.

6 (Am / Are) you eating pancakes?

7 (Is / Am) it snowing now?

8 (Am / Is) I eating fast?

9 Are you (doing / do) your homework?

10 Are you (have / having) a good time?

다음 우리말과 일치하도록 알맞은 단어로 현재진행형 부정문과 의문문을 완성하세요.

보기

| listen 듣다 | work 일하다 | sing 노래하다 | read 읽다 |
| eat 먹다 | speak 말하다 | watch 보다 | use 사용하다 |

1 I ___am not reading___ a book. 나는 책을 읽고 있지 않다.

2 We _____ pancakes. 우리는 팬케이크를 먹고 있지 않다.

3 The bird _____. 그 새는 지저귀고 있지 않다.

4 They _____ TV. 그들은 TV를 보고 있지 않다.

5 My dad _____ now. 나의 아빠는 지금 일하고 계시지 않다.

6 She _____ the phone. 그녀는 휴대폰을 사용하고 있지 않다.

7 A: _____ I _____ fast? 내가 빨리 말하고 있니?
   B: Yes, you are.

8 A: _____ you _____ to music? 너는 음악을 듣고 있니?
   B: No, I'm not.

1 다음 괄호 안에서 알맞은 것을 고르세요.

1   He is a teacher, (is he / isn't he)?

2   You don't eat junk food, (do you / don't you)?

3   She plays the piano, (does she / doesn't she)?

4   Sally isn't your cousin, (is she / isn't she)?

5   They don't lie, (do they / don't they)?

6   He is handsome, (is he / isn't he)?

7   The movie is fun, (is it / isn't it)?

8   You are not angry, (are you / aren't you)?

9   He studies hard, (does he / doesn't he)?

10   She isn't an artist, (is she / isn't she)?

2 다음 빈칸에 들어갈 알맞은 말을 연결하고 문장을 다시 쓰세요.

1 You aren't busy,
너는 바쁘지 않아. 그렇지?

2 She has two cats,
그녀는 고양이 두 마리가 있어, 그렇지 않니?

3 They love animals,
그들은 동물들을 사랑해, 그렇지 않니?

4 The movie is fun,
그 영화는 재미있어, 그렇지 않니?

- doesn't she?
- isn't it?
- are you?
- don't they?

❶ You aren't busy, are you?

❷

❸

❹

다음 대화의 빈칸에 들어갈 알맞은 말을 보기에서 골라 쓰세요.

보기 Who   When   Where   What   How   Why

1

A: ___What___ does he like?

B: He likes hamburgers.

2

A: _____ does the store open?

B: It opens at 10:00.

3

A: _____ is the weather today?

B: It is windy.

4

A: _____ are you from?

B: I am from China.

5

A: _____ do you like her?

B: Because she is nice and kind.

6

A: _____ are they?

B: They are my classmates.

다음 빈칸에 들어갈 알맞은 말을 연결하고 문장을 다시 쓰세요.

1. _____ she live?
   그녀는 어디에 사니?
   → Where does

2. _____ he tired?
   그는 왜 피곤하니?
   → How are

3. _____ your parents?
   너의 부모님은 어떠시니?
   → What do

4. _____ you want?
   너는 무엇을 원하니?
   → Why is

❶ Where does she live?

❷

❸

❹

1 다음 괄호 안에서 알맞은 것을 고르세요.

1   Don't ((touch) / touches) it.

2   (Sitting / Sit) down here.

3   Let's (play / plays) soccer.

4   Don't (press / pressing) the button.

5   (Being / Be) quiet, please.

6   (Stop / Stops) at the red light.

7   Let's (buying / buy) some flowers.

8   Don't (walk / walks) on the grass.

9   Let's (sing / singing) together.

10   (Opens / Open) the window.

다음 주어진 단어를 이용하여 문장을 완성하세요.

1. What a ___nice___ ___day___ it is! day nice

정말 좋은 날이구나!

2. _____ _____! pretty How

정말 예쁘구나!

3. _____ _____ the car is! How expensive

그 차는 정말 비싸구나!

4. What an _____ _____! boy honest

정말 정직한 소년이구나!

5. What a _____ _____ it is! cat cute

그것은 정말 귀여운 고양이구나!

6. _____ _____ the movie is! funny How

그 영화는 정말 웃기구나!

7. What a _____ _____! book great

정말 훌륭한 책이구나!

8. _____ _____! How delicious

정말 맛있구나!

다음 우리말과 일치하도록 밑줄 친 부분을 바르게 고쳐 쓰세요.

1 David <u>isn't walk</u> in the park.
David는 그 공원을 걷고 있지 않다. → isn't walking

2 She <u>is not use</u> the phone.
그녀는 휴대폰을 사용하고 있지 않다. →

3 The baby <u>does not crying</u>.
그 아기는 울고 있지 않다. →

4 They <u>are not play</u> games.
그들은 게임을 하고 있지 않다. →

5 Are you <u>do</u> your homework?
너는 너의 숙제를 하고 있니? →

6 <u>Does</u> it snowing now?
지금 눈이 내리고 있니? →

7 Am I <u>eat</u> fast?
내가 빨리 먹고 있니? →

8 Are you <u>have</u> a good time?
너는 즐거운 시간을 보내고 있니? →

9 The bird <u>is not sing</u>.
그 새는 지저귀고 있지 않다. →

10 Are you <u>listen</u> to music?
너는 음악을 듣고 있니? →

다음 빈칸에 알맞은 부가의문문을 쓰세요.

1 He is handsome, __isn't__ __he__ ?

2 They don't lie, _____ _____ ?

3 She has two cats, _____ _____ ?

4 You aren't angry, _____ _____ ?

5 He studies hard, _____ _____ ?

6 Sally isn't your cousin, _____ _____ ?

7 You like spaghetti, _____ _____ ?

8 You are an actor, _____ _____ ?

9 The movie is fun, _____ _____ ?

10 You aren't busy, _____ _____ ?

다음 밑줄 친 부분을 바르게 고쳐 문장을 다시 쓰세요.

1   Don't <u>pressing</u> the button.

→ Don't press the button.

2   <u>Pretty how</u>!

→

3   <u>Being</u> quiet, please.

→

4   <u>Let</u> play soccer together.

→

5   Don't <u>walks</u> on the grass.

→

6   <u>Funny how</u> the movie is!

→

7   <u>Sitting</u> down here.

→

8   What a <u>cat cute</u> it is!

→

4 다음 우리말과 일치하도록 주어진 단어를 바르게 배열하세요.

1

| he | Why | is | sad | 그는 왜 슬프니? |

➡ Why is he sad?

2

| is | her birthday | When | 그녀의 생일은 언제니? |

➡

3

| the man | Who | is | 그 남자는 누구니? |

➡

4

| the weather | is | How | today | 오늘 날씨는 어떠니? |

➡

5

| does | like | What | he | 그는 무엇을 좋아하니? |

➡

6

| Why | like | do | you | her | 너는 왜 그녀를 좋아하니? |

➡

7

| Who | they | are | 그들은 누구니? |

➡

8

| her name | is | What | 그녀의 이름은 무엇이니? |

➡

1 다음 괄호 안에서 알맞은 것을 고르세요.

1 Mike (will / wills) visit us.

2 She can (plays / play) the cello.

3 I will not (be / being) late for school tomorrow.

4 He (cans / can) speak Chinese.

5 The movie (wills / will) start soon.

6 He (cannot / not can) ride a bike.

7 (Can you / You can) come to my party?

8 (You will / Will you) play baseball after school?

9 Can she (helps / help) you?

10 Will Ted (go / going) to the bookstore?

다음 주어진 단어를 이용하여 문장을 완성하세요.

1 She _____will go_____ to school. go will

그녀는 학교에 갈 것이다.

2 It _____ be windy. will not

바람이 불지 않을 것이다.

3 You _____ English. speak can

너는 영어를 말할 수 있다.

4 _____ watch TV? you Will

너는 TV를 볼 거니?

5 _____ drive a car? she Can

그녀는 차를 운전할 수 있니?

6 They _____ well. not can dance

그들은 춤을 잘 추지 못한다.

7 Alex _____ to the library. go not will

Alex는 그 도서관에 가지 않을 것이다.

8 I _____ late again. not will be

나는 다시는 늦지 않을 것이다.

1 다음 괄호 안에서 알맞은 것을 고르세요.

1 You (ride may / ~~may ride~~) my bike.

2 She (may visit / may visits) us.

3 My dog (can swim / cans swim).

4 He (can know not / cannot know) the answer.

5 (May eat I / May I eat) the cake?

6 We (can help / can helps) you.

7 (Can she make / She can make) pasta?

8 You (may not run / may run not) here.

9 I (can rides / can ride) a horse.

10 They (cannot swim / can swim not) well.

40

2 다음 주어진 단어를 이용하여 문장을 완성하세요.

1 I ___can play___ the guitar. play can
나는 기타를 연주할 수 있다.

2 He _____ my computer. use may
그는 내 컴퓨터를 사용해도 된다.

3 You _____ TV. may watch
너는 TV를 봐도 된다.

4 _____ he _____ fast? run Can
그는 빨리 달릴 수 있니?

5 You _____ in. may come not
너는 안에 들어올 수 없다.

6 _____ I _____ some salad? have May
샐러드를 먹어도 될까요?

7 The monkey _____ a tree. can climb
그 원숭이는 나무를 오를 수 있다.

8 She _____ French. not speak can
그녀는 프랑스어를 말할 수 없다.

1 다음 괄호 안에서 알맞은 것을 고르세요.

1 You (should be / be should) careful.

2 She (clean must / must clean) her room.

3 We (must not / not must) cross the road now.

4 She (have to / has to) take a rest.

5 You (should not / not should) waste water.

6 You (has to / have to) go to bed early.

7 We (love should / should love) animals.

8 We (should read / should reads) many books.

9 You (see must / must see) a doctor.

10 He (has to / have to) cook dinner today.

2 다음 주어진 단어를 이용하여 문장을 완성하세요.

1 You ___should take___ an umbrella. take should

너는 우산을 가져가야 한다.

2 They _____ tomorrow. have to leave

그들은 내일 떠나야 한다.

3 You _____ quiet in the library. be must

너는 도서관에서 조용히 해야 한다.

4 We _____ here. must swim not

우리는 여기에서 수영하면 안 된다.

5 She _____ her car. fix has to

그녀는 그녀의 차를 고쳐야 한다.

6 You _____ lazy. not should be

너는 게을러서는 안 된다.

7 I _____ my best. do have to

나는 최선을 다해야 한다.

8 Tony _____ home now. must go

Tony는 지금 집에 가야 한다.

1 다음 괄호 안에서 알맞은 것을 고르세요.

1 (Could you / You could) help me?

2 (You would / Would you) listen to me, please?

3 (Could I / I could) use your pen?

4 (May I / I may) come in?

5 (I could / Could I) have some cookies?

6 Would (you close / close you) the door?

7 May (play I / I play) the piano, please?

8 Could (I speak / speak I) to John, please?

9 Would (you be / be you) quiet, please?

10 May (I go / go I) out?

2 다음 주어진 단어를 이용하여 문장을 완성하세요.

1 <u>Would you</u> fix my bike, please? you   Would

제 자전거를 고쳐 주시겠어요?

2 _____ pet your cat? May   I

제가 당신의 고양이를 만져봐도 될까요?

3 _____ buy a new hat? I   Could

제가 새 모자를 사도 될까요?

4 _____ play the violin? Would   you

바이올린을 연주해 주시겠어요?

5 _____ call the police? you   Could

경찰을 불러 주시겠어요?

6 _____ use your phone? I   May

제가 당신의 휴대폰을 사용해도 될까요?

7 _____ close the window? Could   you

창문을 닫아 주시겠어요?

8 _____ watch TV? I   Could

제가 TV를 봐도 될까요?

다음 우리말과 일치하도록 밑줄 친 부분을 바르게 고쳐 쓰세요.

1 The movie <u>wills start</u> soon.
그 영화는 곧 시작할 것이다.

→ will start

2 Alex <u>will go not</u> to the library.
Alex는 그 도서관에 가지 않을 것이다.

→

3 Can she <u>helps</u> you?
그녀가 너를 도와줄 수 있니?

→

4 He <u>speak can</u> Chinese.
그는 중국어를 말할 수 있다.

→

5 <u>You will</u> play baseball after school?
너는 방과 후에 야구를 할 거니?

→

6 They <u>dance cannot</u> well.
그들은 춤을 잘 추지 못한다.

→

7 She <u>can plays</u> the cello.
그녀는 첼로를 연주할 수 있다.

→

8 I <u>not be will</u> late again.
나는 다시는 늦지 않을 것이다.

→

9 <u>You can</u> come to my party?
너는 내 파티에 올 수 있니?

→

10 Will Ted <u>watching</u> TV?
Ted는 TV를 볼 거니?

→

2 다음 주어진 단어를 이용하여 문장을 완성하세요.

1 You ___may not run___ here. `may` `run` `not`

너는 여기서 뛰어서는 안 된다.

2 She _____ French. `not` `can` `speak`

그녀는 프랑스어를 말할 수 없다.

3 _____ she _____ pasta? `make` `Can`

그녀는 파스타를 만들 수 있니?

4 My dog _____. `can` `swim`

내 개는 수영할 수 있다.

5 He _____ my computer. `use` `may`

그는 내 컴퓨터를 사용해도 된다.

6 I _____ a horse. `ride` `can`

나는 말을 탈 수 있다.

7 We _____ you. `can` `help`

우리는 너를 도울 수 있다.

8 _____ I _____ the cake? `May` `eat`

제가 케이크를 먹어도 될까요?

다음 밑줄 친 부분을 바르게 고쳐 문장을 다시 쓰세요.

1 She <u>must cleans</u> her room.

➡ She must clean her room.

2 You <u>has to</u> go to bed early.

➡

3 We <u>swim must not</u> here.

➡

4 You <u>take should</u> an umbrella.

➡

5 You <u>see must</u> a doctor.

➡

6 They <u>leave have to</u> tomorrow.

➡

7 You <u>should be not</u> lazy.

➡

8 We <u>should reads</u> many books.

➡

4 다음 우리말과 일치하도록 주어진 단어를 바르게 배열하세요.

1

| Could | pen | your | I | use | 제가 당신의 펜을 사용해도 될까요? |

➡ Could I use your pen?

2

| I | Could | come in | 제가 들어가도 될까요? |

➡

3

| close | Would | the door | you | 문을 닫아 주시겠어요? |

➡

4

| May | the piano | I | play | 제가 피아노를 쳐도 될까요? |

➡

5

| help | you | Could | me | 저를 도와주시겠어요? |

➡

6

| some cookies | have | I | Could | 제가 쿠키를 먹어도 될까요? |

➡

7

| my bike | you | Would | fix | 제 자전거를 고쳐 주시겠어요? |

➡

8

| I | go out | May | 제가 밖에 나가도 될까요? |

➡

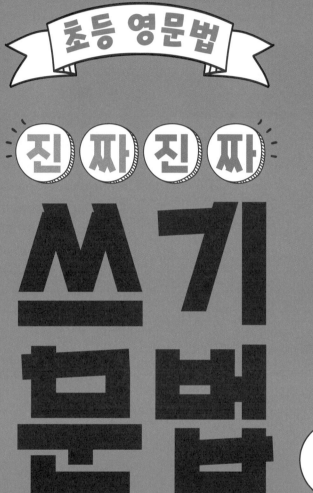

초등 영문법

진 짜 진 짜

쓰기
문법

JUMP
2

정답과 해설

Chapter 1 시제

Unit 1 현재 시제

Step 1   p.14

1	reads	2	does
3	looks	4	washes
5	has	6	stays
7	hates	8	catches

Step 2   p.15

1	starts	2	likes
3	eat	4	needs
5	lives	6	works
7	have	8	listens

Step 3   p.16

1	does	2	cries
3	plays	4	walks
5	lives	6	goes
7	eat	8	has

1 나의 아빠는 저녁 식사 후에 설거지를 하신다.
2 그 아기는 매일 밤 운다.
3 Sally는 아침에 피아노를 연주한다.
4 Mike는 걸어서 학교에 간다.
5 그는 그의 형들과 함께 산다.
6 그녀는 토요일에 그 도서관에 간다.
7 나는 오렌지 주스와 함께 햄버거를 먹는다.
8 그 강아지는 부드러운 갈색 털을 가지고 있다.

Step 4   p.17

1 Sarah often <u>walks</u> in the park.
2 She <u>reads</u> a book before bed.
3 They <u>study</u> English every day.
4 We <u>go</u> to school by bike.
5 Emma <u>has</u> many friends.
6 Water <u>boils</u> at 100℃.
7 Sam <u>runs</u> in the evening.
8 My dad <u>teaches</u> science.

Unit 2 과거 시제

Step 1   p.20

1	worked	2	arrived
3	did	4	stopped
5	went	6	planned
7	cried	8	wanted

Step 2   p.21

1	cooked	2	rained
3	lived	4	played
5	had	6	came
7	discovered	8	was

Step 3   p.22

1	were	2	learned
3	studied	4	did
5	went	6	ate
7	loved	8	stopped

1 우리는 아침에 그 공원에 있었다.
2 Simon은 지난해에 중국어를 배웠다.
3 나는 시험을 위해 공부했다.
4 너는 최선을 다했다.
5 그들은 지난 토요일에 쇼핑을 갔다.
6 그녀는 어제 피자를 먹었다.
7 로미오와 줄리엣은 서로를 사랑했다.
8 나는 음악을 멈추었다.

1 나는 그의 집을 방문할 것이다.
2 우리는 새로운 강아지를 가질 것이다.
3 나는 저녁 식사 후에 나의 개를 산책시킬 것이다.
4 Jenny는 다음 주 월요일에 그를 만날 것이다.
5 그녀는 영화를 볼 것이다.
6 Ben은 편지를 쓸 것이다.
7 그는 방과 후에 축구를 할 것이다.
8 그들은 내일 그 시험을 치를 것이다.

Step 4 ∘   p.23

1 We <u>were</u> late for school.
2 They <u>came</u> to my house yesterday.
3 She <u>studied</u> for the math test.
4 I <u>was</u> 10 years old.
5 Ann <u>went</u> to the library.
6 He <u>planned</u> the camping last week.
7 Robert <u>had</u> a cat when he was young.
8 The bus <u>stopped</u> at a red light.

Step 3 ∘   p.28

1 am going to	2 is going to
3 are going to	4 are going to
5 is going to	6 is going to

Step 4 ∘   p.29

1 My brother <u>will clean</u> his room.
2 She <u>is going to stay</u> home tomorrow.
3 I <u>am going to give</u> a present to Sally.
4 I <u>will meet</u> her next Monday.
5 Dad <u>will buy</u> some books for us.
6 My mom <u>is going to buy</u> a new car.
7 John and I <u>are going to play</u> badminton.
8 They <u>will move</u> to another city.

Unit ✌ 미래 시제

Step 1 ∘   p.26

1 will do	2 will be
3 will go	4 will have
5 will go	6 will rain
7 will be	8 will study

Step 2 ∘   p.27

1 will visit	2 will have
3 will walk	4 will meet
5 will watch	6 will write
7 will play	8 will take

Unit ✋ 현재진행 시제

Step 1 ∘   p.32

1 are listening	2 are doing
3 is jogging	4 am cleaning
5 is making	6 is cutting
7 is using	8 are watching

Step 2 ° p.33

1 talking	2 going
3 baking	4 swimming
5 using	6 running
7 lying	8 sitting

Step 3 ° p.34

1 is drinking	2 am playing
3 are waiting	4 is washing
5 is doing	6 are studying
7 is lying	8 is eating

1 나의 어머니는 커피를 마시고 계신다.
2 나는 나의 아빠와 체스를 두고 있다.
3 우리는 Kelly를 기다리고 있다.
4 Brown 씨는 그의 차를 세차하고 있다.
5 그는 빨래를 하고 있다.
6 그들은 역사를 공부하고 있다.
7 그 아기는 침대 위에 누워 있다.
8 Paul은 햄버거를 먹고 있다.

Step 4 ° p.35

1 I am waiting for Jake.
2 She is doing the laundry now.
3 The cat is lying on my bed.
4 They are dancing on the stage.
5 Karen is doing her homework.
6 Many people are playing badminton.
7 My dad is making spaghetti.
8 The boys are swimming in the pool.

Chapter 1 Test p.36~39

1 ③ 2 ① 3 ② 4 ④ 5 ⑤ 6 ⑤
7 ⑤ 8 ④
9 ① made ② wanted
  ③ did ④ were
10 ① rained ② stayed
  ③ played ④ watched
11 ① is walking ② is eating
  ③ are playing ④ are sitting
12 ① They came to my house.
  ② She looks at the sky every night.
  ③ My mom is going to buy a new car.
  ④ My dad is making spaghetti.

1 〈자음+y〉로 끝나는 단어는 y를 i로 고치고 -es를 붙여요.
2 eat의 과거형은 ate이에요.
3 현재진행 시제를 만들 때 ie로 끝나는 단어는 ie를 y로 고치고 -ing를 붙여요.
4 yesterday는 과거를 나타내는 표현이기 때문에 미래 시제와 함께 쓸 수 없어요.
5 우리는 지금 TV를 보고 있다. / 그들은 수영을 할 것이다.
  주어 We, They에 따른 be동사는 are이에요.
6 그녀는 지난 금요일에 생일 잔치를 했다. / 나는 어제 학교에 지각했다.
  last Friday와 yesterday가 있으므로 과거 동사가 와야 해요.
7 ⑤ He will have a new bike soon.
8 ④ She is going to stay home tomorrow.
  미래를 나타내는 will과 be going to 뒤에는 동사 원래의 모양을 사용해요.
10 하루 종일 비가 내려서 나는 집에 있었다. 아침에는 오빠와 체스를 두었다. 저녁 식사 후에 우리는 영화 겨울왕국을 봤다. 우리는 오늘 정말 즐거운 시간을 보냈다!
11 ① 소년이 그 공원을 걷고 있다.
  ② 소녀가 오렌지 주스와 함께 햄버거를 먹고 있다.
  ③ 아이들이 배드민턴을 치고 있다.
  ④ 소녀 두 명이 벤치 위에 앉아 있다.

Unit 👆 be동사의 부정문, 의문문

Step 1 ∘ ————————————— p.44

1 am not	2 are not
3 are not	4 are not
5 is not	6 are not
7 is not	8 is not

> 1 나는 피곤하지 않다.
> 2 너는 아프지 않다.
> 3 우리는 배가 고프지 않다.
> 4 그 상자들은 무겁지 않다.
> 5 Mike는 화나지 않았다.
> 6 코끼리들은 작지 않다.
> 7 그녀는 도서관에 있지 않다.
> 8 Sally는 학교에 늦지 않는다.

Step 2 ∘ ————————————— p.45

1 Are	2 Am
3 Are	4 Are
5 Is	6 Are
7 Is	8 Are

> 1 너는 피곤하니?
> 2 나는 예쁘니?
> 3 그들은 너의 친구들이니?
> 4 우리는 바쁘니?
> 5 너의 어머니는 부엌에 계시니?
> 6 Harry와 Edward는 쌍둥이니?
> 7 저것은 너의 새 자전거이니?
> 8 그들은 독일에 있니?

Step 3 ∘ ————————————— p.46

1 I am	2 she is
3 not	4 No / she
5 No	6 it is

Step 4 ∘ ————————————— p.47

> 1 We are not twins.
> 2 Is Sally happy?
> 3 You are not sleepy.
> 4 Is English difficult?
> 5 Emily is not angry.
> 6 Is it your notebook?
> 7 They are not in the living room.
> 8 Is the book fun?

> 1 우리는 쌍둥이가 아니다.
> 2 Sally는 행복하니?
> 3 너는 졸리지 않다.
> 4 영어는 어렵니?
> 5 Emily는 화나지 않았다.
> 6 그것은 너의 공책이니?
> 7 그들은 거실에 있지 않다.
> 8 그 책은 재미있니?

Unit ✌ be동사 과거형의 부정문, 의문문

Step 1 ○ ————————— p.50

1 was not	2 were not
3 were not	4 was not
5 was not	6 were not
7 was not	8 was not

1 나는 지난해에 스페인에 있지 않았다.
2 너는 배고프지 않았다.
3 그들은 서울에 있지 않았다.
4 어제는 화창하지 않았다.
5 Amy는 행복하지 않았다.
6 그 아이들은 지난해에 키가 크지 않았다.
7 그녀는 공원에 있지 않았다.
8 Karen은 어제 사무실에 있지 않았다.

Step 2 ○ ————————— p.51

1 Was	2 Were
3 Was	4 Was
5 Were	6 Was
7 Was	8 Were

1 어제는 월요일이었니?
2 그들이 너의 선물로 기뻐했니?
3 그 가게는 지난 일요일에 문을 열었니?
4 그는 집에 있었니?
5 너는 어제 바빴니?
6 그 영화는 괜찮았니?
7 그는 지난해에 너의 선생님이었니?
8 그들은 어젯밤에 그 파티에 있었니?

Step 3 ○ ————————— p.52

1 I was	2 he was
3 it / not	4 Yes
5 wasn't	6 I wasn't

Step 4 ○ ————————————————— p.53

1 They were not sad.
2 Were you in Canada?
3 You were not sleepy.
4 Was the soup hot?
5 My father was not angry.
6 Were the cats in the box?
7 They were not in the gym.
8 Was the zoo open yesterday?

1 그들은 슬프지 않았다.
2 너는 캐나다에 있었니?
3 너는 졸리지 않았다.
4 그 수프는 뜨거웠니?
5 나의 아버지는 화나지 않으셨었다.
6 그 고양이들은 상자 안에 있었니?
7 그들은 체육관에 있지 않았다.
8 그 동물원은 어제 문을 열었니?

Unit ✌ 일반동사의 부정문, 의문문

Step 1 ○ ————————————————— p.56

1 do not	2 do not
3 do not	4 does not
5 does not	6 does not
7 do not	8 does not

1 나는 새 컴퓨터가 필요하지 않다.
2 너는 기타를 연주하지 않는다.
3 우리는 아침 일찍 일어나지 않는다.
4 그녀는 축구를 좋아하지 않는다.
5 Andy는 안경을 쓰지 않는다.
6 그는 아침을 먹지 않는다.
7 그들은 정크 푸드를 먹지 않는다.
8 그 의사는 일요일에 일하지 않는다.

1 Do	**2** Do
3 Does	**4** Does
5 Does	**6** Do
7 Does	**8** Does

1 너는 영어를 말하니?
2 그들은 학교에 가니?
3 너의 형은 수영을 잘하니?
4 그는 수학을 좋아하니?
5 Emily는 바이올린을 연주하니?
6 너는 이탈리안 음식을 좋아하니?
7 그녀는 매일 저녁을 먹니?
8 Kevin은 내 이름을 아니?

Step **3** ∘ ────────────────────── p.58

1 I do	**2** she
3 she does	**4** I
5 it doesn't	**6** they don't

Step **4** ∘ ────────────────────── p.59

1 They do not <u>exercise</u> in the morning.
2 Does she <u>have</u> a daughter?
3 <u>Do</u> you want a new jacket?
4 <u>Does</u> your brother work at the bank?
5 Mr. White doesn't <u>like</u> snow.
6 He <u>doesn't</u> drive a car.
7 Does Jenny <u>clean</u> her room?
8 He doesn't <u>know</u> my name.

Unit ✋ 일반동사 과거형의 부정문, 의문문

Step **1** ∘ ────────────────────── p.62

1 did not	**2** did not
3 go	**4** did not
5 did not	**6** come
7 have	**8** did not

1 나는 어제 그 공원에 가지 않았다.
2 너는 어제 너의 숙제를 다 끝내지 않았다.
3 우리는 지난 금요일에 그 박물관에 가지 않았다.
4 Susan은 어제 피아노를 연주하지 않았다.
5 그는 어젯밤에 일찍 잠자리에 들지 않았다.
6 Jenny는 어제 학교에 오지 않았다.
7 Julie는 오늘 아침에 아침을 먹지 않았다.
8 그녀는 그 영화를 보지 않았다.

Step **2** ∘ ────────────────────── p.63

1 Did	**2** Did
3 Did	**4** Did
5 make	**6** play
7 live	**8** eat

1 너는 어제 조깅을 했니?
2 그는 어제 새 안경을 샀니?
3 그들은 지난 화요일에 그 콘서트에 갔니?
4 그녀는 지난 토요일에 그녀의 친구들을 만났니?
5 네가 그 케이크를 만들었니?
6 그 소년은 농구를 했니?
7 그녀는 뉴욕에 살았니?
8 Mark는 그 사과파이를 먹었니?

Step 3 · p.64

1 did 2 did
3 they 4 he did
5 I didn't 6 Yes

Step 4 · p.65

1 It did not <u>rain</u> yesterday.
2 Did she <u>have</u> lunch?
3 <u>Did</u> you buy a new computer last week?
4 Did Paul <u>work</u> at the bank?
5 We didn't <u>like</u> the movie.
6 He did not <u>fix</u> the bike.
7 Did Sally <u>drink</u> milk?
8 He didn't <u>live</u> in Canada.

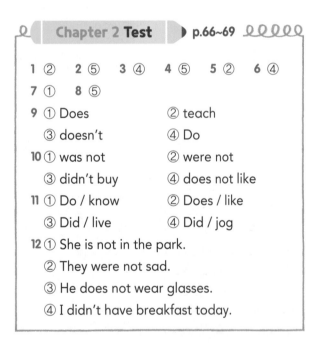

Chapter 2 Test ▶ p.66~69

1 ② 2 ⑤ 3 ④ 4 ⑤ 5 ② 6 ④
7 ① 8 ⑤
9 ① Does ② teach
  ③ doesn't ④ Do
10 ① was not ② were not
  ③ didn't buy ④ does not like
11 ① Do / know ② Does / like
  ③ Did / live ④ Did / jog
12 ① She is not in the park.
  ② They were not sad.
  ③ He does not wear glasses.
  ④ I didn't have breakfast today.

1 너는 학생이니?
  주어 You에 따른 be동사는 are이에요.
2 Tom은 지난해에 스페인에 있지 않았다.
  last year는 과거를 나타내는 표현이므로 과거 동사가 와야
  하고, 주어 Tom은 3인칭 단수이니 was를 사용해요.

3 나는 새 자전거가 필요하지 않다. / 그들은 정크 푸드를 먹
  지 않는다.
  일반동사의 부정문은 일반동사 앞에 do not을 넣어 만들어요.
4 Kevin은 샐러드를 원하니? / 너의 여동생은 수영을 잘 하
  니?
  일반동사 의문문에서 주어가 3인칭 단수(He, She, It)일 때
  는 Does를 사용해요.
5 A: 그들은 어제 집에 있었니?
  be동사의 과거형 의문형 대답은 〈Yes, 주어+be동사의 과
  거형.〉 또는 〈No, 주어+be동사의 과거형+not.〉으로 해요.
6 A: 너는 지난 토요일에 그 동물원에 갔니?
  일반동사의 과거형 의문문 대답은 〈Yes, 주어+did.〉 또는
  〈No, 주어+did+not.〉으로 해요.
7 ① Andy <u>doesn't drink</u> milk.
  주어가 3인칭 단수일 때는 do not이 아닌 does not을 사용
  해요.
8 ⑤ The kids <u>were not</u> tall last year.
  주어 The kids는 복수이기 때문에 was not이 아닌 were
  not을 사용해요.
9 A: 너의 아버지는 영어를 가르치시니?
  B: 아니, 그러지 않으셔. 그는 수학을 가르치셔.
  A: 오. 너는 수학을 좋아하니?
  B: 응, 맞아. 나는 수학을 사랑해.
10 ① 나는 지난해에 뉴욕에 있지 않았다.
  ② Tony와 나는 지난주에 바쁘지 않았다.
  ③ 나의 누나는 새 차를 사지 않았다.
  ④ 그녀는 축구를 좋아하지 않는다.
11 ① A: 너는 James를 아니?
    B: 응, 알아. 그는 내 친구야.
  ② A: Tony는 개를 좋아하니?
    B: 아니, 그렇지 않아. 그는 고양이를 좋아해.
  ③ A: 너의 이모는 서울에 사셨니?
    B: 아니, 그러지 않으셨어. 그녀는 대구에 사셨어.
  ④ A: 너는 어제 조깅했니?
    B: 응, 했어.

Unit 현재진행의 부정문, 의문문

Step 1   p.74

1 is not
2 are not
3 are not
4 am not
5 walking
6 watching
7 working
8 writing

1 그녀는 울고 있지 않다.
2 너는 자고 있지 않다.
3 그 원숭이들은 나무를 오르고 있지 않다.
4 나는 책을 읽고 있지 않다.
5 David는 그 공원을 걷고 있지 않다.
6 그들은 축구 경기를 보고 있지 않다.
7 나의 아빠는 지금 일하고 계시지 않다.
8 나는 편지를 쓰고 있지 않다.

Step 2   p.75

1 Are
2 Am
3 Are
4 Is
5 cleaning
6 having
7 staying
8 baking

1 너는 음악을 듣고 있니?
2 나는 빨리 먹고 있니?
3 그들은 농구를 하고 있니?
4 지금 눈이 내리고 있니?
5 Kate는 부엌을 청소하고 있니?
6 너는 좋은 시간을 보내고 있니?
7 Ben은 너의 집에서 지내고 있니?
8 그들은 빵을 굽고 있니?

Step 3   p.76

1 am
2 not
3 they are
4 isn't
5 they aren't
6 it is

Step 4   p.77

1 We are not having dinner.
2 Am I watching TV?
3 The baby is not sleeping.
4 Is it snowing?
5 The bird is not singing.
6 Are children swimming?
7 They are not dancing together.
8 Is Dad cooking spaghetti?

1 우리는 저녁을 먹고 있지 않다.
2 나는 TV를 보고 있니?
3 그 아기는 자고 있지 않다.
4 눈이 내리고 있니?
5 새가 지저귀고 있지 않다.
6 아이들이 수영하고 있니?
7 그들은 함께 춤추고 있지 않다.
8 아빠가 스파게티를 요리하고 계시니?

Unit ✌️ 부가의문문

Step 1 ○ — p.80

1 isn't he	2 are you
3 does he	4 aren't you
5 doesn't she	6 is she
7 don't they	8 do you

1 그는 선생님이야, 그렇지 않니?
2 너는 게으르지 않아, 그렇지?
3 그는 여기에 살지 않아, 그렇지?
4 너는 똑똑해, 그렇지 않니?
5 그녀는 피아노를 연주해, 그렇지 않니?
6 그녀는 한국인이 아니야, 그렇지?
7 그들은 동물들을 사랑해, 그렇지 않니?
8 너는 애완동물이 없어, 그렇지?

Step 2 ○ — p.81

1 aren't	2 is
3 they	4 doesn't
5 he	6 are
7 do	8 isn't

1 너는 배우야, 그렇지 않니?
2 Sally는 그의 사촌이 아니야, 그렇지?
3 그들은 아름다운 정원이 있어, 그렇지 않니?
4 그는 자연을 좋아해, 그렇지 않니?
5 Tom은 중국어를 말해, 그렇지 않니?
6 너는 화나지 않았어, 그렇지?
7 너는 채소를 먹지 않아, 그렇지?
8 그 영화는 재미있어, 그렇지 않니?

Step 3 ○ — p.82

1 don't you	2 does she
3 aren't you	4 does she
5 isn't he	6 doesn't he
7 are you	8 is she

Step 4 ○ — p.83

1 You are happy, <u>aren't you</u>?
2 She has two cats, <u>doesn't she</u>?
3 Kevin doesn't have a bike, <u>does he</u>?
4 James is a pilot, <u>isn't he</u>?
5 Emily doesn't like fish, <u>does she</u>?
6 She is kind, <u>isn't she</u>?
7 You don't eat junk food, <u>do you</u>?
8 They don't lie, <u>do they</u>?

Unit ✌️ 의문사 의문문

Step 1 ○ — p.86

1 When is	2 What do
3 Where are	4 is the girl
5 are you	6 How do
7 is it	8 does she

1 그의 생일은 언제니?
2 너는 무엇을 갖고 싶니?
3 너는 어디에서 왔니?
4 그 소녀는 누구니?
5 너는 왜 피곤하니?
6 너는 어떻게 학교에 가니?
7 그것은 무엇이니?
8 그녀는 언제 자니?

Step 2 ∘ — p.87

1 When	2 Where
3 Who	4 Where
5 Who	6 When

Step 3 ∘ — p.88

1 Why	2 What
3 How	4 What
5 Why	6 What

Step 4 ∘ — p.89

1 What is his job?
2 Where do you live?
3 When is her birthday?
4 Why do you like her?
5 Why is he sad?
6 Where is your cat?
7 How are your parents?
8 Who is the man?

Unit 🖐 명령문, 제안문, 감탄문

Step 1 ∘ — p.92

1 Open	2 Clean
3 Sit	4 Be
5 Be	6 move
7 close	8 drive

1 창문을 열어라.
2 너의 방을 청소해라.
3 여기에 앉아라.
4 조심해라.
5 공손하게 해라.
6 움직이지 마라.
7 문을 닫지 마라.
8 너무 빠르게 운전하지 마라.

Step 2 ∘ — p.93

1 go	2 sing
3 buy	4 start
5 be	6 stay
7 clean	8 play

1 동물원에 가자.
2 함께 노래를 부르자.
3 꽃을 조금 사자.
4 일을 시작하자.
5 조용히 하자.
6 여기에 머무르자.
7 공원을 청소하자.
8 축구를 하자.

Step 3 ∘ — p.94

1 great book	2 cute cat
3 kind boy	4 smart student
5 How pretty	6 How expensive
7 How lovely	8 How delicious

Step 4 ∘ — p.95

1 Don't <u>walk</u> on the grass.
2 <u>Get</u> on the car.
3 <u>Let's</u> play soccer together.
4 Don't <u>press</u> the button.

5 What a <u>cold day</u> it is!

6 Let's <u>go</u> out.

7 <u>How funny</u> the movie is!

8 <u>Stop</u> at the red light.

Chapter 3 Test   p.96~99

1 ③   2 ①   3 ⑤   4 ④   5 ④   6 ③

7 ③   8 ②

9 ① what   ② aren't you

　 ③ don't you   ④ Let's

10 ① What / cute / cat

　 ② How heavy

　 ③ What / kind / girl

　 ④ How expensive

11 ① When   ② Where

　 ③ How   ④ Who

12 ① Let's play badminton.

　 ② Don't be sad.

　 ③ Don't drive too fast.

　 ④ Let's start the work.

---

1 A: 너는 언제 저녁 식사를 하니?

　 B: 나는 6시에 저녁을 먹어.

2 A: 그녀의 이름은 무엇이니?

　 B: 그녀의 이름은 Jane이야.

3 A: 너는 왜 Tony를 좋아하니?

　 B: 그가 착하고 친절하기 때문이야.

4 그는 영어를 가르쳐, 그렇지 않니? / 너는 바쁘지 않아, 그렇지?

　 앞 문장이 일반동사 긍정문이므로 부정형의 부가의문문을 써요.

　 앞 문장이 be동사 부정문이므로 긍정형의 부가의문문을 써요.

---

5 ④ <u>Stop</u> at the red light.

　 명령문을 말할 때는 동사 원래의 모양을 써요.

6 ③ David <u>isn't</u> walking in the park.

　 현재진행의 부정문은 be동사 뒤에 not을 붙여요.

7 A: Ben이 너의 집에서 지내고 있니?

8 A: 그들은 그 공원을 청소하고 있니?

　 현재진행의 의문문 대답은 〈Yes, 주어+be동사.〉 또는 〈No, 주어+be동사+not.〉으로 해요.

9 A: Andy, 지금 몇 시야?

　 B: 12시야. 너 배고프지, 그렇지 않니?

　 A: 응, 맞아. 너는 스파게티를 좋아해, 그렇지 않니?

　 B: 응, 좋아해. 우리 이탈리안 식당에 가자.

　 A: 좋아!

10 ① 그것은 정말 귀여운 고양이구나!

　 ② 그것은 정말 무겁구나!

　 ③ 그녀는 정말 친절한 소녀구나!

　 ④ 그 차는 정말 비싸구나!

11 ① A: 어린이날은 언제니?

　　 B: 5월 5일이야.

　 ② A: 나의 펜은 어디에 있니?

　　 B: 그것은 책상 위에 있어.

　 ③ A: 오늘 날씨는 어떠니?

　　 B: 화창해.

　 ④ A: 그들은 누구니?

　　 B: 그들은 내 사촌들이야.

Chapter 4 조동사

Unit 👆 조동사의 쓰임

Step 1 ○ —————— p.104

1 carry	2 play
3 go	4 rain
5 can	6 will
7 will	8 can

1 그는 그 상자를 나를 수 있다.
2 그녀는 첼로를 연주할 수 있다.
3 Sally는 다음 주에 하와이에 갈 것이다.
4 오늘 밤에 비가 내릴 것이다.
5 그는 그 질문에 대답할 수 있다.
6 Mike는 우리를 방문할 것이다.
7 영화가 곧 시작할 것이다.
8 그 개는 수영을 잘 할 수 있다.

Step 2 ○ —————— p.105

1 will not	2 will not
3 can speak	4 will play
5 will be	6 will buy
7 cannot dance	8 will not fix

Step 3 ○ —————— p.106

1 Can you	2 Will you
3 will not visit	4 will go
5 can swim	6 Can she
7 can't ride	8 will not go

1 너는 나의 파티에 올 수 있니?
2 너는 TV를 볼 것이니?
3 그는 너를 방문하지 않을 것이다.
4 그녀는 학교에 갈 것이다.
5 너는 수영을 잘 할 수 있다.
6 그녀는 차를 운전할 수 있니?
7 그는 자전거를 탈 수 없다.
8 Alex는 그 도서관에 가지 않을 것이다.

Step 4 ○ —————— p.107

1 Andy can't play the guitar.
2 Can she help you?
3 You won't be 12 years old next year.
4 Can I ride a bike?
5 Emily can't run fast.
6 Will she visit her grandparents?
7 I won't be late again.
8 Will Ted go to the bookstore?

1 Andy는 기타를 연주할 수 없다.
2 그녀는 너를 도울 수 있니?
3 너는 내년에 12살이 되지 않을 것이다.
4 내가 자전거를 타도 되니?
5 Emily는 빨리 달릴 수 없다.
6 그녀는 그녀의 조부모님을 만날 거니?
7 나는 다시 늦지 않을 것이다.
8 Ted는 그 서점에 갈 것이니?

Unit ✌ 조동사 can, may

Step 1 ○   p.110

1 can speak   2 can make
3 cannot ride   4 can play
5 cannot know   6 can climb
7 Can she make   8 can swim

1 나는 영어를 말할 수 있다.
2 너는 샌드위치를 만들 수 있다.
3 그녀는 자전거를 탈 수 없다.
4 그녀는 첼로를 연주할 수 있다.
5 그는 그 답을 알 수 없다.
6 원숭이는 나무를 오를 수 있다.
7 그녀는 파스타를 만들 수 있니?
8 코끼리는 물에서 수영할 수 있다.

Step 2 ○   p.111

1 may watch   2 may visit
3 may use   4 may not go
5 may not drive   6 may not run
7 May I eat   8 May I ride

1 너는 TV를 봐도 된다.
2 그녀는 우리를 방문해도 된다.
3 그는 내 컴퓨터를 사용해도 된다.
4 그녀는 밖에 나가서는 안 된다.
5 그는 내 차를 운전해서는 안 된다.
6 너는 여기에서 달려서는 안 된다.
7 제가 케이크를 먹어도 될까요?
8 너의 자전거를 타도 되니?

Step 3 ○   p.112

1 can ride   2 can speak
3 may eat   4 can climb

5 May I   6 can use
7 can help   8 can solve

1 나는 말을 탈 수 있다.
2 너는 영어를 말할 수 있다.
3 너는 그 음식을 먹어도 된다.
4 나의 개는 나무를 오를 수 있다.
5 제가 지금 밖에 나가도 될까요?
6 그녀는 젓가락을 사용할 수 있다.
7 우리는 너를 도울 수 있다.
8 John은 그 문제를 해결할 수 있다.

Step 4 ○   p.113

1 My dad <u>can fix</u> my bike.
2 May <u>I watch</u> TV?
3 I <u>can make</u> cookies.
4 You <u>may use</u> my phone.
5 Sarah <u>can play</u> the guitar.
6 She <u>cannot speak</u> Korean.
7 You <u>may not come</u> in.
8 They <u>cannot swim</u> well.

Unit ✌ 조동사 must, have to, should

Step 1 ○   p.116

1 must finish   2 have to
3 must do   4 has to
5 should love   6 should read
7 must not   8 should not

1 나는 오늘 그 일을 끝내야 한다.
2 너는 일찍 잠자리에 들어야 한다.
3 그는 그의 숙제를 해야 한다.
4 그녀는 휴식을 취해야 한다.
5 우리는 자연을 사랑해야 한다.
6 너의 여동생은 그 책을 읽어야 한다.
7 우리는 지금 길을 건너서는 안 된다.
8 너는 물을 낭비해서는 안 된다.

Step 2 ○   p.117

1 should	2 must
3 have to	4 should
5 has to	6 should not
7 must not	8 must not

Step 3 ○   p.118

1 should take	2 must drive
3 should not drink	4 should go
5 has to cook	6 must not throw
7 has to fix	8 have to leave

1 너는 우산을 가져가야 한다.
2 너는 조심히 운전해야 한다.
3 그녀는 커피를 마셔서는 안 된다.
4 너는 그 공원에 가야 한다.
5 Jenny는 오늘 저녁을 요리해야 한다.
6 우리는 쓰레기를 버려서는 안 된다.
7 나의 엄마는 그녀의 차를 고쳐야 한다.
8 그들은 내일 떠나야 한다.

Step 4 ○   p.119

1 You must see a doctor.
2 He must do his homework.
3 She has to study for the test.
4 Matt has to do the dishes.

5 I have to do my best.
6 He has to feed his puppy.
7 We should get up early.
8 You should not be lazy.

Unit ✋ 조동사 could, would, may

Step 1 ○   p.122

1 Would you	2 Could you
3 Could I	4 May I
5 you fix	6 I play
7 I read	8 you dance

1 저의 파티에 와 주시겠어요?
2 저를 기다려주시겠어요?
3 제가 당신의 펜을 사용해도 될까요?
4 제가 안으로 들어가도 될까요?
5 제 자전거를 고쳐 주시겠어요?
6 제가 피아노를 연주해도 될까요?
7 제가 그 책을 읽어도 될까요?
8 저와 함께 춤을 추시겠어요?

Step 2 ○   p.123

1 Could I	2 Would you
3 Could I	4 Could I

Step 3 ○   p.124

1 Would you	2 Could you
3 Would you	4 Could you
5 Could you	6 Would you
7 Could you	8 Would you

1 문을 닫아주시겠어요?

2 저를 도와주시겠어요?

3 여기에 와 주시겠어요?

4 창문을 닫아주시겠어요?

5 그 노래를 불러 주시겠어요?

6 바이올린을 연주해 주시겠어요?

7 경찰을 불러 주시겠어요?

8 조용히 해 주시겠어요?

Step 4 ∘　　　　　　　　　　　p.125

1 May I help you?

2 Could I watch TV?

3 May I go out?

4 May I pet your cat?

5 Could I buy a new hat?

6 May I play the guitar?

7 May I use your phone?

8 Could I come in?

Chapter 4 Test 　 p.126~129

1 ④　2 ③　3 ②　4 ④　5 ⑤　6 ③

7 ②　8 ⑤

9 ① May　　　② must
　③ May　　　④ must

10 ① can't　　② could
　③ have to　④ has to

11 ① can drive
　② must not swim
　③ have to clean
　④ may go

12 ① You must not go out at night.
　② We should love animals.
　③ You may ride my bike.
　④ He can't speak Chinese.

1 그녀는 바이올린을 연주할 수 있다.

2 그는 내일 학교에 지각하지 않을 것이다.

3 화장실에 가도 될까요?
조동사는 주어의 인칭에 따라 모양이 변하지 않으며, 뒤에 오는 동사도 동사 원래의 모양을 그대로 써요.

4 너는 너의 숙제를 해야 한다.
must는 have to라는 표현과 바꿔 쓸 수 있어요.

5, 6 조동사 뒤에 오는 동사는 동사 원래의 모양을 그대로 써요.

7 ② He has to go to bed early.
주어 He가 3인칭 단수이기 때문에 has to를 써요.

8 ⑤ Would you come to my party?
조동사의 의문문은 동사 원래의 모양 그대로 사용해요.

10 ① A: 우리와 함께 축구할 수 있니?
　　B: 아니, 못해. 나는 오늘 바빠.
　② A: Daisy야, 너의 크레용을 써도 되니?
　　B: 물론이지. 여기 있어.
　③ A: 비가 오고 있어. 너는 우산을 가져가야 해.
　　B: 네, 그럴게요!
　④ A: 너의 언니는 아프니?
　　B: 응. 그녀는 의사에게 진찰을 받아야 해.

11 ① 나의 할머니는 차를 운전하실 수 있다.
　② 우리는 여기에서 수영해서는 안 된다.
　③ 너는 너의 방을 청소해야 한다.
　④ 우리는 지금 밖에 나가서는 안 된다.

진짜진짜

쓰기 문법

JUMP
2

Workbook

정답과 해설

Chapter 1   시제

 Unit 1   현재 시제

1.   p.2

1 wash → washes	2 fly → flies
3 read → reads	4 play → plays
5 go → goes	6 like → likes
7 stay → stays	8 catch → catches
9 eat → eats	10 walk → walks

2.   p.3

1 does	2 eat
3 cries	4 walks
5 washes	6 have
7 likes	8 starts
9 reads	10 runs

 Unit 2   과거 시제

1.   p.4

동사	과거형
want	wanted
study	studied
stop	stopped
come	came

dance	danced
go	went
arrive	arrived
start	started
eat	ate
watch	watched

동사	과거형
do	did
rain	rained
play	played
live	lived
have	had
learn	learned
cook	cooked
plan	planned
work	worked
cry	cried

2.   p.5

1 arrived	2 rained
3 played	4 cried
5 went	6 stopped
7 was	8 ate
9 lived	10 did

1 · p.6

1	will be	2	will rain
3	will study	4	will be
5	is going to	6	will play
7	are going to	8	will clean
9	will meet	10	am going to

2 · p.7

1	will have	2	will be
3	will do	4	will watch
5	will meet	6	will buy
7	will move	8	will have
9	will play	10	will visit

Unit 4 현재진행 시제

1 · p.8

동사	현재진행형
make	making
play	playing
swim	swimming
lie	lying
read	reading
dance	dancing
run	running
eat	eating
give	giving
do	doing

동사	현재진행형
sit	sitting
watch	watching
wait	waiting
jog	jogging
cut	cutting
die	dying
go	going
use	using
drink	drinking
wash	washing

2 · p.9

1	is playing	2	am running
3	are dancing	4	is jogging
5	is lying	6	is making
7	is eating	8	am waiting
9	is doing	10	are swimming

Chapter 1 Wrap Up

1 · p.10

1	과거	2	현재
3	현재진행	4	미래
5	현재	6	미래
7	과거	8	현재진행

2 · p.11

1	will have	2	ate
3	am running	4	will meet
5	starts	6	arrived
7	is jogging	8	eat
9	did	10	will be

3 ○ — p.12

1 washes	2 is making
3 will meet	4 went
5 will buy	6 have
7 lived	8 are swimming

4 ○ — p.13

1 played	2 lying
3 reads	4 will clean
5 will rain	6 was
7 runs	8 watching
9 cried	10 dancing

Chapter 2 문장의 종류 ①

Unit 1 be동사의 부정문, 의문문

1 ○ — p.14

1 are not	2 is not
3 are not	4 am not
5 are not	6 Am
7 Is	8 Are
9 Is	10 Are

2 ○ — p.15

1 is not	2 am not
3 are not	4 is not
5 Is / is	6 Are / am
7 Is / is not	8 Is / is not

Unit 2 be동사 과거형의 부정문, 의문문

1 ○ — p.16

1 were not	2 was not
3 was not	4 was not
5 were not	6 Was
7 Were	8 Was
9 Were	10 Was

2 ○ — p.17

1 weren't	2 wasn't
3 wasn't	4 weren't
5 wasn't	6 wasn't
7 Was / wasn't	8 Were / weren't

Unit 3 일반동사의 부정문, 의문문

1 — p.18

1 does not
2 do not
3 does not
4 do not
5 does not
6 Do
7 Do
8 Does
9 Do
10 Does

2 — p.19

1 don't
2 doesn't
3 doesn't
4 don't
5 don't
6 doesn't
7 Do / do
8 Does / doesn't

Unit 4 일반동사 과거형의 부정문, 의문문

1 — p.20

1 did not
2 did not
3 did not
4 did not
5 did not
6 Did
7 Did
8 Did
9 Did
10 Did

2 — p.21

1 didn't rain
2 didn't fix
3 didn't finish
4 didn't go
5 didn't eat
6 didn't live
7 Did / sleep
8 Did / enjoy

Chapter 2 Wrap Up

1 — p.22

1 The boxes aren't heavy.
2 Is that your bike?
3 I'm not a singer.
4 Are Harry and Edward twins?
5 We aren't hungry.
6 Is Sally late for school?
7 She isn't in the kitchen.
8 Am I pretty?

2 — p.23

1 I wasn't in Spain last year.
2 Was it hot yesterday?
3 She wasn't in the park.
4 Were they at the party?
5 My father wasn't angry.
6 Were you tall last year?
7 It wasn't windy yesterday.
8 Was the movie nice?

3 — p.24

1 I don't like carrots.
2 Does she jog every day?
3 Andy doesn't wear glasses.
4 Do they go to school?
5 Sarah doesn't sing well.
6 Do you like fruit?
7 You don't play the guitar.
8 Does Kevin know my name?

4   p.25

1 It didn't rain last night.
2 Did Mark eat the apple pie?
3 I didn't go to the park yesterday.
4 Did he fix the bike?

5 Jenny didn't come to school yesterday.
6 Did he watch TV last night?
7 He didn't read the book.
8 Did the boy play basketball?

Chapter 3 문장의 종류 ②

Unit 🖐 현재진행의 부정문, 의문문

1   p.26

1 am not	2 are not
3 is not	4 walking
5 writing	6 Are
7 Is	8 Am
9 doing	10 having

2   p.27

1 am not reading	2 are not eating
3 is not singing	4 are not watching
5 is not working	6 is not using
7 Am / speaking	8 Are / listening

Unit ✌ 부가의문문

1   p.28

1 isn't he	2 do you
3 doesn't she	4 is she
5 do they	6 isn't he
7 isn't it	8 are you
9 doesn't he	10 is she

2   p.29

1 are you?	2 doesn't she?
3 don't they?	4 isn't it?

1 You aren't busy, are you?
2 She has two cats, doesn't she?
3 They love animals, don't they?
4 The movie is fun, isn't it?

Unit 3 의문사 의문문

1 — p.30

1 What	2 When
3 How	4 Where
5 Why	6 Who

2 — p.31

1 Where does	2 Why is
3 How are	4 What do

1 Where does she live?
2 Why is he tired?
3 How are your parents?
4 What do you want?

Unit 4 명령문, 제안문, 감탄문

1 — p.32

1 touch	2 Sit
3 play	4 press
5 Be	6 Stop
7 buy	8 walk
9 sing	10 Open

2 — p.33

1 nice day	2 How pretty
3 How expensive	4 honest boy
5 cute cat	6 How funny
7 great book	8 How delicious

Chapter 3 Wrap Up

1 — p.34

1 isn't walking	2 is not using
3 is not crying	4 are not playing
5 doing	6 Is
7 eating	8 having
9 is not singing	10 listening

2 — p.35

1 isn't he	2 do they
3 doesn't she	4 are you
5 doesn't he	6 is she
7 don't you	8 aren't you
9 isn't it	10 are you

3 — p.36

1 Don't press the button.
2 How pretty!
3 Be quiet, please.
4 Let's play soccer together.
5 Don't walk on the grass.
6 How funny the movie is!
7 Sit down here.
8 What a cute cat it is!

4 p.37

1 Why is he sad?
2 When is her birthday?
3 Who is the man?
4 How is the weather today?

5 What does he like?
6 Why do you like her?
7 Who are they?
8 What is her name?

Chapter 4 조동사

Unit 1 조동사의 쓰임

1 p.38

1 will
3 be
5 will
7 Can you
9 help

2 play
4 can
6 cannot
8 Will you
10 go

2 p.39

1 will go
3 can speak
5 Can she
7 will not go

2 will not
4 Will you
6 cannot dance
8 will not be

Unit 2 조동사 can, may

1 p.40

1 may ride
3 can swim
5 May I eat
7 Can she make
9 can ride

2 may visit
4 cannot know
6 can help
8 may not run
10 cannot swim

2 p.41

1 can play
3 may watch
5 may not come
7 can climb

2 may use
4 Can / run
6 May / have
8 cannot speak

Unit ✌ 조동사 must, have to, should

1 ○ —————————————————————— p.42

1 should be 　　　　　 2 must clean
3 must not 　　　　　　 4 has to
5 should not 　　　　　 6 have to
7 should love 　　　　　 8 should read
9 must see 　　　　　　 10 has to

2 ○ —————————————————————— p.43

1 should take 　　　　　 2 have to leave
3 must be 　　　　　　　 4 must not swim
5 has to fix 　　　　　　 6 should not be
7 have to do 　　　　　　 8 must go

Unit 👌 조동사 could, would, may

1 ○ —————————————————————— p.44

1 Could you 　　　　　　 2 Would you
3 Could I 　　　　　　　 4 May I
5 Could I 　　　　　　　 6 you close
7 I play 　　　　　　　　 8 I speak
9 you be 　　　　　　　　 10 I go

2 ○ —————————————————————— p.45

1 Would you 　　　　　　 2 May I
3 Could I 　　　　　　　 4 Would you
5 Could you 　　　　　　 6 May I
7 Could you 　　　　　　 8 Could I

1 ○ —————————————————————— p.46

1 will start 　　　　　　 2 will not go
3 help 　　　　　　　　　 4 can speak
5 Will you 　　　　　　　 6 cannot dance
7 can play 　　　　　　　 8 will not be
9 Can you 　　　　　　　 10 watch

2 ○ —————————————————————— p.47

1 may not run 　　　　　 2 cannot speak
3 Can / make 　　　　　　 4 can swim
5 may use 　　　　　　　 6 can ride
7 can help 　　　　　　　 8 May / eat

3 ○ —————————————————————— p.48

1 She <u>must clean</u> her room.
2 You <u>have to</u> go to bed early.
3 We <u>must not swim</u> here.
4 You <u>should take</u> an umbrella.
5 You <u>must see</u> a doctor.
6 They <u>have to leave</u> tomorrow.
7 You <u>should not be</u> lazy.
8 We <u>should read</u> many books.

4 ○ —————————————————————— p.49

1 Could I use your pen?
2 Could I come in?
3 Would you close the door?
4 May I play the piano?
5 Could you help me?
6 Could I have some cookies?
7 Would you fix my bike?
8 May I go out?

초등 영문법

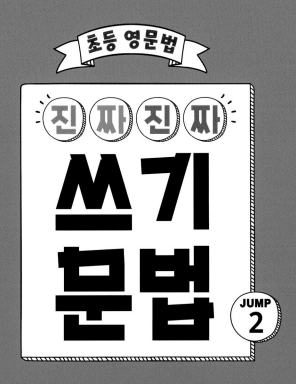

진 짜 진 짜

쓰기
문법

JUMP
2

Workbook

Since1977

시사 Dream,
Education can make dreams come true.

유아

3세 이상

5세 이상

파닉스 & 리딩

7세 이상

1~3 학년

전 학년

단어

1~3 학년

전 학년
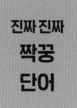
진짜 진짜 짝꿍 단어

출간 예정

문법

3학년 이상

5학년 이상

쓰기

1~4 학년
진짜 진짜 영어일기 따라 쓰기

진짜 진짜 영어일기 세 줄 쓰기

출간 예정